# マイナンバー
# 規程・書式 作成ガイド

個人番号の収集・管理・委託への対応

牛島総合法律事務所
弁護士
**影島 広泰**

CD-ROM付

清文社

## はじめに

　本書では、民間企業がマイナンバー法に対応する際に必要となる規程・書式の具体的なサンプルを示し、解説をしています。
　マイナンバー法対応については、拙著『企業・団体のためのマイナンバー制度への実務対応』（清文社）等で詳しく解説がなされていますが、実際に実務を構築するとなると、法律やガイドラインの規制を具体的な文言に落とし込む必要があります。

　例えば、従業員から個人番号を収集する際には、利用目的を通知・公表する文書が必要になります。これは具体的にどのような文言にすべきでしょうか。
　また、扶養控除等（異動）申告書で個人番号の提供を受ける際には、添付する必要がある従業員木人の本人確認書類を説明しなければなりませんし、従業員が配偶者・扶養親族の本人確認を行うように指導しなければなりません。
　ITベンダ等が提供している「個人番号収集サービス」等で配偶者・扶養親族の個人番号を収集することを検討している会社も多いと思いますが、多くのサービスでは、従業員が配偶者・扶養親族の通知カード等のみをアップロードできるシステムになっています。この場合、従業員が配偶者・扶養親族の本人確認を行っている必要がありますので、会社から従業員に対する本人確認の事務の委託が必要となります。その際には、委託先に対する「必要かつ適切な監督」を行うための文書も必要となります。
　さらに、従業員、取引先、株主等から個人番号の提供を拒まれる可能性がありますが、その際に企業が何を行うべきかについて、内閣官房及

び国税庁が見解を示しています。また、個人番号が変更されることを前提に対応すべき事項についても内閣官房が見解を示しています。個人番号を収集する際の文書においては、このような見解を踏まえた文言を織り込む必要があります。

　また、番号法ガイドラインが定める情報管理に関しても多数の規程や書式等が必要となります。

　特定個人情報の取扱いに関する基本方針、特定個人情報の取扱いに関する取扱規程等がその典型ですが、それ以外にも、特定個人情報の取扱台帳や書類の持出記録簿等も必要になりますし、就業規則の変更もポイントとなります。委託をする際にも、番号法ガイドラインに準拠した契約文言が必要になります。

　本書では、マイナンバー法や番号法ガイドラインに基づくと、これらの規程・書式・契約書等に何を記載すればよいのかを、具体的なサンプルを示しながら、逐条解説をするなどして解説を加えています。

　マイナンバー法の基本的な理解ができている実務担当者が、本書を用いることで、より効率的で確実なマイナンバー法対応を進めることができれば幸いです。

2015年8月

弁護士　影島　広泰

# CONTENTS

## 第1章　民間企業におけるマイナンバー法への対応

第1節　マイナンバー法対応の3ステップ……………………………………3
第2節　個人番号の「収集」のポイント……………………………………5
第3節　個人番号の「保管・管理」のポイント……………………………10
第4節　行政機関等への「提出」のポイント………………………………11

## 第2章　個人番号の収集の場面で使用する書式

第1節　従業員、配偶者・扶養親族の個人番号……………………………17
　1　扶養控除等（異動）申告書による収集　17
　　[1]　扶養控除等（異動）申告書　17
　　[2]　従業員への依頼書（本人確認書類の提出、提供の重要性の周知等）　19
　　　①　本人確認書類の提出の依頼　19
　　　②　個人番号の提供が重要であることの周知　26
　　　③　個人番号が変更された場合に申告すべきことの周知　29
　　[3]　利用目的の通知書　30
　2　扶養控除等（異動）申告書以外の方法による収集　33
　3　国民年金第3号被保険者関係届の提出を受ける場合　37
　4　健康保険被扶養者（異動）届の提出を受ける場合　39
　5　外部ベンダの「個人番号収集サービス」等を利用する場合　40
　　[1]　従業員が配偶者・扶養親族の代理人となる場合　41
　　[2]　本人確認の事務を会社が従業員に委託する場合　42
第2節　取引先、株主等の個人番号………………………………………47
　1　取引先、株主等への依頼書（本人確認書類の提出、提供の重要性の周知等）　47

1　本人確認書類の提出の依頼　47
　　2　個人番号の提供が重要であることの周知　52
　　3　個人番号が変更された場合に申告すべきことの周知　53
　2　取引先、株主等への依頼書（運転免許証などの添付を省略する方法）
　　53
　3　取引先、株主等への依頼書（通知カード等の貼付で番号の提供をする）
　　57

## 第3章　個人番号の管理の場面で使用する書式

第1節　事務の範囲、事務取扱担当者等の明確化……………………63
第2節　基本方針………………………………………………………64
第3節　取扱規程………………………………………………………69
　1　番号法ガイドラインの定め　69
　2　「特定個人情報取扱規程」のサンプル　71
　　[1]　取扱規程の全体構成　71
　　[2]　「第1章　総則」の内容　72
　　[3]　「第2章　特定個人情報等の取得」の内容　75
　　[4]　「第3章　特定個人情報等の利用」の内容　81
　　[5]　「第4章　特定個人情報等の保存」の内容　84
　　[6]　「第5章　特定個人情報等の提供」の内容　86
　　[7]　「第6章　特定個人情報等の削除・廃棄」の内容　88
　　[8]　「第7章　組織及び体制」の内容　91
　　[9]　「第8章　安全管理措置」の内容　96
　　　1　第1節「総則」　96
　　　2　第2節「組織的安全管理措置」　98
　　　3　第3節「人的安全管理措置」　102
　　　4　第4節「物理的安全管理措置」　103

5　第5節「技術的安全管理措置」　106

　　[10]「第9章　特定個人情報等の開示、訂正等、利用停止等」の内容　108

　　[11]「第10章　雑則」の内容　108

第4節　組織的安全管理措置……………………………………………126

　　1　利用実績の記録　126

　　2　特定個人情報取扱台帳　128

　　3　特定個人情報等の取扱状況のわかる記録（中小規模事業者）　132

第5節　人的安全管理措置（従業員に対する監督・教育）……………134

　　1　就業規則　134

　　[1]個人番号の提供及び本人確認書類の提出を義務づける規定　134

　　[2]秘密保持に関する事項についての規定　136

　　2　非開示契約　138

第6節　物理的安全管理措置と技術的安全管理措置………………141

　　1　物理的安全管理措置　141

　　2　技術的安全管理措置　143

## 第4章　個人番号の委託の場面で使用する書式

第1節　番号法ガイドラインによる規制………………………………147

　　1「必要かつ適切な監督」とは　147

　　2　委託先の適切な選定　148

　　3　委託先に安全管理措置を遵守させるために必要な契約の締結　148

　　4　委託先における特定個人情報の取扱状況の把握　149

第2節　委託契約…………………………………………………………150

　　1　サンプルの契約構造　150

　　2　秘密保持義務　150

　　3　事業所内からの特定個人情報の持出しの禁止　151

　　4　特定個人情報の目的外利用の禁止　151

- 5 再委託における条件　152
- 6 漏えい事案等が発生した場合の委託先の責任　155
- 7 委託契約終了後の特定個人情報の返却または廃棄　156
- 8 従業者に対する監督・教育、特定個人情報を取り扱う従業者の明確化　157
- 9 契約内容の遵守状況について報告を求める規定等　158
- 10 その他の重要な条項　159

第3節　特定個人情報 削除・廃棄証明書……………………………168

## 第5章　従業員の教育

第1節　教育プログラム……………………………………………171
第2節　2015年10月の番号通知前のアナウンス……………………174

## 資　料

個人番号及び特定個人情報取扱規程【中小規模事業者向け】のサンプル
……………………………………………………………………179

## サンプル目次

- 【No.1】 扶養控除等（異動）申告書による個人番号の提供の依頼　20
- 【No.2】 自身の個人番号に相違ない旨の本人による申立書　26
- 【No.3】 利用目的の通知書（対従業員・扶養親族等）　32
- 【No.4】 個人番号の提供書（対従業員）　34
- 【No.5】 委任状　39
- 【No.6】 従業員に扶養親族等の本人確認を委託するための通知　43
- 【No.7】 取引先、株主等への個人番号の提供の依頼　48
- 【No.8】 個人番号の提供書（氏名及び住所のプレ印字、番号記入欄あり）　55
- 【No.9】 個人番号の提供書（氏名及び住所のプレ印字、番号記入欄なし）　58
- 【No.10】 個人番号及び特定個人情報の適正な取扱いに関する基本方針　66
- 【No.11】 個人番号及び特定個人情報取扱規程　109
- 【No.12】 特定個人情報 持出記録簿　128
- 【No.13】 特定個人情報取扱台帳　130
- 【No.14】 個人番号・特定個人情報の取扱状況管理簿（中小規模事業者）　133
- 【No.15】 就業規則（提出書類）　135
- 【No.16】 就業規則（秘密保持）　137
- 【No.17】 非開示契約（誓約書）　139
- 【No.18】 特定個人情報の取扱いに関する委託契約書　161
- 【No.19】 特定個人情報 削除・廃棄証明書　168
- 【No.20】 教育プログラム　172
- 【No.21】 社内向けアナウンス通知　174
- 【資料】 個人番号及び特定個人情報取扱規程【中小規模事業者向け】のサンプル　179

凡　例

　本書では法令等の名称について、とくに記載のある場合を除き、以下の略語を使用しています。

| 法令等の名称 | 略語 |
| --- | --- |
| 個人情報の保護に関する法律 | 個人情報保護法 |
| 行政手続における特定の個人を識別するための番号の利用等に関する法律 | 法／マイナンバー法 |
| 行政手続における特定の個人を識別するための番号の利用等に関する法律施行令 | 令 |
| 行政手続における特定の個人を識別するための番号の利用等に関する法律施行規則 | 規則 |
| 行政手続における特定の個人を識別するための番号の利用等に関する法律施行規則に基づく国税関係手続に係る個人番号利用事務実施者が適当と認める書類等を定める件（平成27年1月30日国税庁告示第2号） | 国税庁告示 |
| 特定個人情報の適正な取扱いに関するガイドライン（事業者編）（平成26年12月11日特定個人情報保護委員会） | 番号法ガイドライン |
| 「特定個人情報の適正な取扱いに関するガイドライン（事業者編）」及び「（別冊）金融業務における特定個人情報の適正な取扱いに関するガイドライン」に関するQ＆A（平成26年12月11日特定個人情報保護委員会） | 番号法ガイドラインQ＆A |
| 個人情報の保護に関する法律についての経済産業分野を対象とするガイドライン（平成26年12月12日厚生労働省・経済産業省告示第4号） | 経済産業分野ガイドライン |
| 金融分野における個人情報保護に関するガイドライン（平成25年3月19日金融庁告示第11号） | 金融分野ガイドライン |

※　本書の記述は、2015年8月1日時点の法令等に基づいています。

## 付属 CD-ROM について

　本製品は Windows で閲覧可能な CD-ROM です。動作環境としては、以下の性能を持ったパソコンにおいて使用されることをお勧めします。

【動作環境】
・OS（基本ソフトウェア）：Microsoft Windows XP/Vista/ 7 / 8 /8.1
・CPU：Pentium プロセッサ以上
・メモリ：126MB 以上
・使用ソフトウェア：Microsoft Word2003以上
　　　　　　　　　Microsoft Excel2003以上
・CD-ROM ディスクドライブを内蔵または接続していること

※ Microsoft、Windows、Word、Excel は、米国 Microsoft Corporation の米国及びその他の国における登録商標または商標です。
※ 本文中では、Copyright、TM、R マーク等は省略しています。

【使用方法】
1．「マイナンバー 規程・書式 作成ガイド」の CD-ROM を、対応可能なドライブに挿入します。
2．ウィンドウを開き、「Sample」というアイコンをダブルクリックすると、アイコンが開きます。
3．各規程・書式のアイコンをダブルクリックすると、データが開きます。

　なお、本製品に収録されている規程・書式は、執筆時点（2015年 8 月 1 日現在）における一般的な例を示したものです。実務においては、最新の法令等を参照の上、自社の状況にあわせて加筆・修正してご使用下さい。

　本製品に起因する直接・間接のいかなる損害についても、著作権者及び当社は一切の責任を負いません。

# 第1章

# 民間企業における
# マイナンバー法への対応

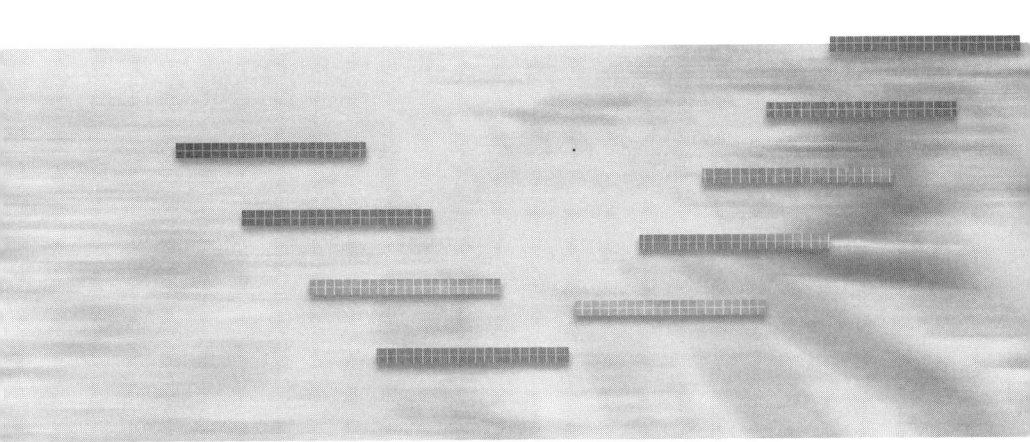

## 第1節 マイナンバー法対応の3ステップ

　「社会保障・税番号制度」(マイナンバー制度) とは、主として社会保障と税の行政手続において1人に1つ付番された「個人番号」(マイナンバー) を利用することで、行政機関が名寄せして情報を管理したり他の行政機関に情報を問い合わせできるようにし、社会保障の公平な支給や正確な所得把握等を行うためのものです。

　本制度の実施に伴い、民間企業は、**個人番号関係事務実施者**として、社会保険や税に関して行政機関等に提出する書類に、従業員・取引先・株主等の個人番号を記載して提出することが義務づけられます。

　そのため、**図表1－1**の対象者から個人番号の提供を受け、保管し、行政機関等に提出する書類に記載する必要があります。

　他方、民間企業は、上記の各帳票のように、法令または条例の規定によって他人の個人番号を記載した書面の提出等の事務を実施する場合にのみ、個人番号を利用できるとされています (「行政手続における特定の個人を識別するための番号の利用等に関する法律」(以下「マイナンバー法」または「法」といいます) 9条3項)。

　つまり、民間企業は通常、**行政機関等に個人番号を記載した書面を提出する場面以外で個人番号を取り扱うことはない**ことになります。

　よって、民間企業にとっての"マイナンバー法対応"とは、①個人番号の収集、②個人番号の保管・管理、③行政機関等への提出の3ステップということになります (**図表1－2**)。

図表1－1　個人番号が必要となる対象者と帳票

| 対象者 | | 個人番号の記載が必要となる帳票の代表例 | 帳票への記載開始時期 |
|---|---|---|---|
| 従業員・扶養親族等 | 税 | 源泉徴収票<br>扶養控除等（異動）申告書 | 2016年の給与所得等から |
| | 社会保険 | 雇用保険の書類 | 2016年1月1日から |
| | | 健康保険・厚生年金保険の書類 | 2017年1月1日から |
| 取引先<br>（支払調書を提出する取引先） | 税 | 報酬、料金、契約金及び賞金の支払調書<br>不動産使用料等の支払調書 | 2016年の支払から |
| 株主・出資者 | 税 | 配当、剰余金の分配及び基金利息の支払調書 | 2016年の支払から<br>（既存の株主について3年間猶予あり） |
| 顧客<br>（金融機関のみ） | 税 | 支払調書、届出書、報告書等 | 2016年の支払から<br>（保険に関する支払調書以外の多くに3年間猶予あり） |

図表1－2　民間企業におけるマイナンバー法対応の3ステップ

①個人番号の収集（本人確認）　→　②個人番号の保管・管理（安全管理措置）　→　③行政機関等への提出

## 第2節 個人番号の「収集」のポイント

　本人から個人番号の提供を受ける際には、「本人確認」を行う義務があります（法16条）。
　本人確認とは、具体的には、①**番号確認**と②**身元（実在）確認**の２つの作業を行うことをいいます。
　①番号確認とは、提供を受けた個人番号が誤っていないか否かを確認することをいいます。
　②身元（実在）確認とは、提供している者が、「成りすまし」ではない実在する本人であることを、顔写真付きの身分証明書等で確認することをいいます。具体的には、番号確認書類である通知カード等に記載されている個人識別事項（氏名、及び住所または生年月日）と、顔写真付きの身分証明書等に記載されている個人識別事項（氏名、及び住所または生年月日）が一致しているかどうかを確認することをいいます（容姿と顔写真を照合する必要まではありません）。
　以上の①番号確認及び②身元（実在）確認を行うために、具体的には**図表１－３**の書類の提示を受け、確認する必要があります。
　なお、本人確認の書類は、「提示を受ける」または「提出を受ける」ことが求められているだけですから、確認をした後に保存する義務はありません。
　もちろん保存してもかまいませんが、その場合には安全管理措置（10ページ）の対象となるため注意が必要です。

図表1－3　本人から対面または書面の送付で提供を受ける場合の本人確認書類（書面の送付の場合には写しでよい）

| ①番号確認 | ②身元（実在）確認 |
|---|---|
| (a) 個人番号カード（法16条） | |
| (b) 通知カード(法16条) | (b) 運転免許証、運転経歴証明書、旅券、身体障害者手帳、精神障害者保健福祉手帳、療育手帳、在留カード、特別永住者証明書（規則1条1項1号、2条1号） |
| (c) 住民票または住民票記載事項証明書であって、氏名、出生の年月日、男女の別、住所及び個人番号が記載されたもの（令12条1項1号） | (c) 官公署から発行・発給された書類その他これに類する書類であって、写真の表示等の措置が施され、個人番号利用事務実施者が適当と認めるもの（ⅰ氏名、ⅱ生年月日または住所（以下、ⅰ及びⅱをあわせて「個別識別事項」という）、が記載されているもの）（規則1条1項2号、2条2号）<br><br>　国税関係の手続では、具体的には以下のいずれかを意味する（「行政手続における特定の個人を識別するための番号の利用等に関する法律施行規則に基づく国税関係手続に係る個人番号利用事務実施者が適当と認める書類等を定める件」（平成27年国税庁告示。以下「国税庁告示」という））。<br>・税理士証票<br>・本人の写真の表示のある身分証明書等（学生証または法人もしくは官公署が発行した身分証明書もしくは資格証明書）で、個人識別事項の記載があるもの（提示時において有効なものに限る。以下「写真付身分証明書等」という）<br>・戦傷病者手帳その他官公署から発行または発給をされた本人の写真の表示のある書類で、個人識別事項の記載があるもの（提示時において有効なものに限る。以下「写真付公的書類」という）<br>・規則1条1項3号ロに規定する個人番号利用事務等実施者（本項において以下「個人番号利用事務 |

|  |  |
|---|---|
|  | 等実施者」という）が発行した書類であって識別符号または暗証符号等による認証により当該書類に電磁的方法により記録された個人識別事項を認識できるもの（提示時において有効なものに限る）<br>• 個人番号利用事務等実施者が個人識別事項を印字した上で本人に交付または送付した書類で、当該個人番号利用事務等実施者に対して当該書類を使用して提出する場合における当該書類<br>• 官公署または個人番号利用事務等実施者が個人識別事項を印字した上で本人に交付または送付した書類で、個人番号利用事務等実施者に対して、申告書または申請書等とあわせて提示または提出する場合の当該書類 |

〈以下例外〉

| (a)～(c)が困難であると認められる場合（規則3条1項）<br>【一・二（機構への確認等）略】<br>三　過去に本人確認の上、特定個人情報ファイルを作成している場合には、当該特定個人情報ファイルの確認<br>四　官公署または個人番号利用事務実施者・個人番号関係事務実施者から発行・発給された書類その他これに類する書類であって個人番号利用事務実施者が適当と認める書類（ⅰ個 | (d)　上記(a)～(c)が困難であると認められる場合は、以下の書類を2つ以上（規則1条1項3号、3条2項）<br>イ　公的医療保険の被保険者証、年金手帳、児童扶養手当証書、特別児童扶養手当証書<br>ロ　官公署または個人番号利用事務実施者・個人番号関係事務実施者から発行・発給された書類その他これに類する書類であって個人番号利用事務実施者が適当と認めるもの（ⅰ氏名、ⅱ生年月日または住所、が記載されているもの）<br><br>国税関係の手続では、具体的には以下のいずれかを意味する（国税庁告示）。<br>• 本人の写真の表示のない身分証明書等で、個人識別事項の記載があるもの（提示時において有効なものに限る。以下「写真なし身分証明書等」という）<br>• 国税もしくは地方税の領収証書、納税証明書または社会保険料もしくは公共料金の領収証書で領収 |

人番号、ⅱ氏名、ⅲ生年月日または住所、が記載されているもの）

国税関係の手続では、具体的には以下のいずれかを意味する（国税庁告示）。
- 所得税法に規定する源泉徴収票、支払通知書その他租税に関する法律に基づいて個人番号利用事務等実施者が本人に対して交付した書類で個人識別事項の記載があるもの（以下「本人交付用税務書類」という）または官公署もしくは個人番号利用事務等実施者が発行または発給をした書類で個人番号及び個人識別事項の記載があるもの
- 自身の個人番号に相違ない旨の本人による申立書（提示時において作成した日から6か月以内のものに限る）
- 通知カード及び個人番号カード等に関する省令15条の規定に

日付の押印または発行年月日及び個人識別事項の記載があるもの（提示時において領収日付または発行年月日が6か月以内のものに限る。以下「国税等の領収証書等」という）
- 印鑑登録証明書、戸籍の附票の写しその他官公署から発行または発給をされた本人の写真の表示のない書類（これらに類するものを含む）で、個人識別事項の記載があるもの（提示時において有効なものまたは発行もしくは発給された日から6か月以内のものに限る。以下「写真なし公的書類」という）
- 本人交付用税務書類

(e) 上記(a)～(c)が困難であると認められる場合であって、財務大臣、国税庁長官、都道府県知事または市町村長が租税に関する事務において個人番号の提供を受けるときは、以下のいずれかの措置をもって(d)に代えることができる（規則1条3項、3条3項）。
　一　公的医療保険の被保険者証、年金手帳、児童扶養手当証書、特別児童扶養手当証書のいずれか1つ
　二　申告書等に添付された書類であって、本人に対し一に限り発行・発給された書類または官公署から発行・発給された書類に記載されているⅰ氏名、ⅱ年月日または住所の確認
　三　申告書等またはこれと同時に提出される口座振替納付に係る書面に記載されている預貯金口座の名義人の氏名、金融機関・店舗、預貯金の種別・口座番号の確認
　四　調査において確認した事項等の個人番号の提供を行う者しか知り得ない事項の確認
　五　一から四までが困難であると認められる場合であって、還付請求でないときは、過去に本人確認

| | |
|---|---|
| より還付された通知カード（以下「還付された通知カード」という）または同省令32条１項の規定により還付された個人番号カード（以下「還付された個人番号カード」という） | の上で受理している申告書等に記載されている純損失の金額、雑損失の金額その他申告書等を作成するに当たって必要となる事項または考慮すべき事情であって財務大臣等が適当と認めるものの確認<br>国税関係の手続では、具体的には以下を意味する（国税庁告示）。<br>　修正申告書に記載された修正申告直前の課税標準額または税額等、更正の請求書に記載された更正の請求直前の課税標準額または税額等及び相続時精算課税を適用した贈与税申告書（選択した年分の翌年分以降の年分に限る）に記載された過去の年分の申告において控除した特別控除額の合計額等その他これに類する事項 |

　なお、個人番号については、個人情報保護法により、利用目的の特定と、本人への通知または公表が必要になります。

***Check!*** 利用目的の特定と通知または公表が義務づけられているのは「個人情報取扱事業者」のみです。したがって、現時点では、取り扱う個人情報の数が5,000件以下の事業者にとってはこれは義務ではありません。

　しかしながら、個人情報保護法の改正法が施行されると、そのような適用除外はなくなります（改正法の施行は2017年ころとなる見込みです）。

　したがって、今回個人番号の提供を受ける際には、すべての民間企業が利用目的の特定と通知または公表を行っておくことが実務的であると考えられます。

## 第3節 個人番号の「保管・管理」のポイント

　個人番号の保管・管理を行う際には、「個人番号の漏えい、滅失または毀損の防止その他の個人番号の適切な管理のために必要な措置」を講じる義務があります。

　これを「安全管理措置」といいます。

　「安全管理措置」として講じるべき「必要な措置」とは何なのかについては、(特定)個人情報保護委員会が「特定個人情報の適正な取扱いに関するガイドライン(事業者編)」(以下「番号法ガイドライン」といいます)を公表しています。

　したがって、個人番号の保管・管理を行う際には、**番号法ガイドラインに従った情報管理体制を構築する**ことが必要になります。

## 第4節 行政機関等への「提出」のポイント

　民間企業は、行政機関等に提出する書類に個人番号を記載する場面で個人番号を利用することになります。

　行政機関等に提出する場面においては、帳票への出力についてITシステムを対応させることが必要になります。

　例えば、給与所得の源泉徴収票には、従業員本人の個人番号欄が追加されることはもちろん、控除対象配偶者・扶養親族等の氏名及び個人番号の欄や、支払者への個人番号または法人番号も追加され、大きさがA6からA5に変わります。ITシステムは、このような新しい帳票に対応しなければなりません（図表1－4）。

　また、**帳票の作成や提出を税理士や社会保険労務士に委託している場合**には、番号法ガイドラインに従った委託契約の締結や見直し等が必要になります。

## 図表１－４　給与所得の源泉徴収票

【旧様式】

### 平成　年分　給与所得の源泉徴収票

| | | | | |
|---|---|---|---|---|
| 支払を受ける者 | 住所又は居所 | | 氏名 | (受給者番号)<br>(フリガナ)<br>(役職名) |

| 種別 | 支払金額 | 給与所得控除後の金額 | 所得控除の額の合計額 | 源泉徴収税額 |
|---|---|---|---|---|
| | 内　千　円 | 千　円 | 千　円 | 内　千　円 |

| 控除対象配偶者の有無等 | | | | | 配偶者特別控除の額 | 控除対象扶養親族の数（配偶者を除く。） | | | | | | 障害者の数（本人を除く。） | | 社会保険料等の金額 | 生命保険料の控除額 | 地震保険料の控除額 | 住宅借入金等特別控除の額 |
|---|---|---|---|---|---|---|---|---|---|---|---|---|---|---|---|---|---|
| | | | | 老人 | | 特定 | | 老人 | | その他 | | 特別 | その他 | | | | |
| 有 | 無 | 従有 | 従無 | | 千　円 | 人 | 従人 | 内　人 | 従人 | 人 | 従人 | 内　人 | 人 | 内　千　円 | 千　円 | 千　円 | 千　円 |

| | | | |
|---|---|---|---|
| （摘要）　住宅借入金等特別控除可能額　円<br>居住開始年月日 | 国民年金保険料等の金額　円 | 介護医療保険料の金額 | 円 |
| | 配偶者の合計所得　円 | 新個人年金保険料の金額 | 円 |
| | 新生命保険料の金額　円 | 旧個人年金保険料の金額 | 円 |
| | 旧生命保険料の金額　円 | 旧長期損害保険料の金額 | 円 |

| 16歳未満扶養親族 | 未成年者 | 外国人 | 死亡退職 | 災害者 | 乙欄 | 本人が障害者 | | 寡婦 | | 寡夫 | 勤労学生 | 中途就・退職 | | | | | 受給者生年月日 | | | | | | |
|---|---|---|---|---|---|---|---|---|---|---|---|---|---|---|---|---|---|---|---|---|---|---|---|
| | | | | | | 特別 | その他 | 一般 | 特別 | | | 就職 | 退職 | 年 | 月 | 日 | 明 | 大 | 昭 | 平 | 年 | 月 | 日 |
| 人 | | | | | | | | | | | | | | | | | | | | | | | |

| | | |
|---|---|---|
| 支払者 | 住所(居所)又は所在地 | |
| | 氏名又は名称 | （電話） |

| | | |
|---|---|---|
| 整理欄 | ① | ② |

315－1

【新様式】

## 平成　　年分　　給与所得の源泉徴収票

# 第 2 章

# 個人番号の収集の場面で使用する書式

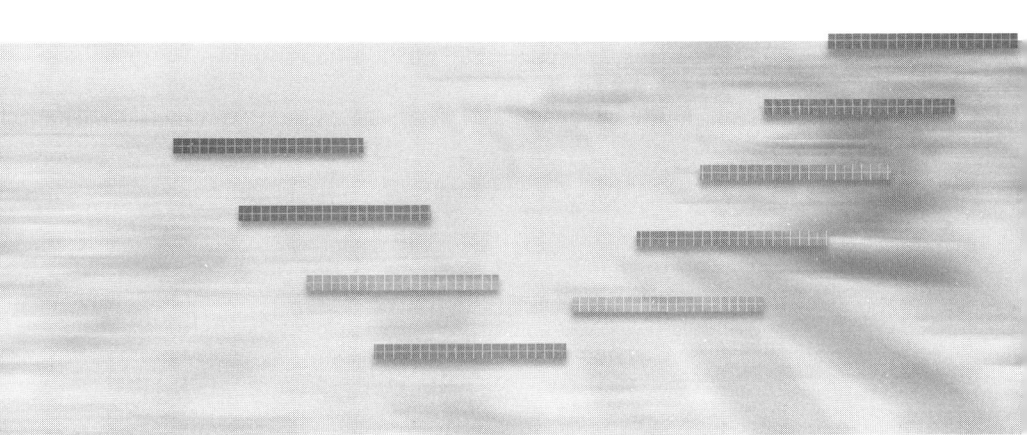

## 第1節 従業員、配偶者・扶養親族の個人番号

### 1 扶養控除等（異動）申告書による収集

[1] 扶養控除等（異動）申告書

　従業員、ならびにその控除対象配偶者及び控除対象扶養親族（以下「配偶者・扶養親族」といいます）の個人番号は、「給与所得者の扶養控除等（異動）申告書」（図表2－1）を用いて収集することができます。

　扶養控除等（異動）申告書で個人番号を収集することには、大きなメリットがあります。同申告書で収集する場合には、会社は、**配偶者・扶養親族の本人確認をする必要がない**のです。

　すなわち、扶養控除等（異動）申告書は、従業員が作成し事業者に提出する法令上の義務があります。したがって、従業員が、「個人番号関係事務実施者」として、「本人」である配偶者・扶養親族から「本人確認」をした上で個人番号を収集し、同申告書を作成する義務を負います。

　その後、従業員が事業者に同申告書を提出しますが、事業者は、「本人」からではなく「個人番号関係事務実施者」から個人番号の提供を受けていることになりますから、配偶者・扶養親族についての本人確認は不要です（法16条の本人確認は、本人から提供を受ける場合にのみ義務づけられているため）。

　したがって、扶養控除等（異動）申告書によって個人番号を収集する

図表2-1 平成28年分 給与所得者の扶養控除等(異動)申告書

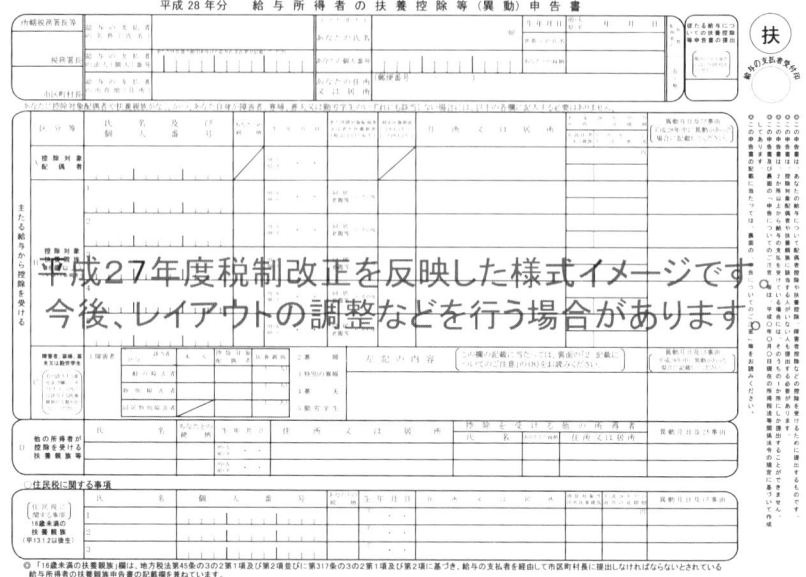

場合には、従業員本人の本人確認をするだけでよいことになります(図表2-2)。

図表2-2 従業員、配偶者・扶養親族の本人確認

| 扶養控除等(異動)申告書 || 会社オリジナルの<br>「個人番号の提供書」等 ||
|---|---|---|---|
| 従業員 | 配偶者・<br>扶養親族 | 従業員 | 配偶者・<br>扶養親族 |
| 本人確認が必要 | 本人確認は不要 | 本人確認が必要 | 本人確認が必要* |
| ○ | × | ○ | ○ |

↑ 扶養控除等(異動)申告書の大きなメリット

＊会社が行うべき本人確認を、従業員に委託することは可能です。この従業員への委託については、後記5[2](42ページ)で詳述します。

18 第2章 個人番号の収集の場面で使用する書式

なお、税法上の控除対象配偶者・扶養親族以外の配偶者・扶養親族については、民間企業があらかじめ個人番号の提供を受けておく必要はありません。国民年金の第3号被保険者や健康保険の扶養親族の個人番号が必要になる帳票は、いずれも第3号被保険者または被保険者が作成するものであり、事業主が作成・提出する帳票にこれらの者の個人番号が必要になるものがないためです。

## [2] 従業員への依頼書（本人確認書類の提出、提供の重要性の周知等）

　扶養控除等（異動）申告書で個人番号を収集する際には、実務上、従業員に宛てて、個人番号の提供を依頼する通知をすることが必要になると考えられます（サンプルNo.1）。
　この通知には、以下の項目を盛り込むことが重要です。
　1 本人確認書類の提出の依頼
　2 個人番号の提供が重要であることの周知
　3 個人番号が変更された場合に申告すべきことの周知

　このサンプルは、従業員が所属長や庶務課などに提出し、そこから本社の経理・総務などに送付した上で、経理・総務が本人確認を行うことを想定しています。
　所属長や庶務課などの現場が本人から対面で受け取って本人確認する場合には、番号確認書類と身元（実在）確認書類は原本の提示が必要となります。

### 1 本人確認書類の提出の依頼
　前記のとおり、個人番号が記載された扶養控除等（異動）申告書の提出を受ける際には、従業員本人についてのみ本人確認が必要になります。
　したがって、本人確認書類について説明することが必要です。

|サンプルNo.1| 扶養控除等（異動）申告書による個人番号の提供の依頼

年　　月　　日

従業員各位

[株式会社〇〇〇〇
〇〇部〇〇課]

## 個人番号の提供について

　この度、「行政手続における特定の個人を識別するための番号の利用等に関する法律」（マイナンバー法）の施行により、行政機関等に提出する源泉徴収票や社会保険関係の書類等に、従業員、配偶者及び扶養親族等の個人番号（マイナンバー）を記載することが義務づけられるとともに、事業者が個人番号の提供を受ける際には、本人確認を行うことも義務づけられました。

　そのため、従業員各位は、自身の個人番号と、控除対象配偶者・扶養親族の個人番号を「扶養控除等（異動）申告書」に記載して提供してください。

　その際、本人確認のため、別紙に記載した従業員各位の①番号確認の書類、及び②身元（実在）確認の書類の写しを添付してください。

　なお、配偶者・扶養親族の個人番号については、従業員各位が、下記のとおり必ず本人確認（①番号確認、及び②身元（実在）確認）を行ってください。

記

①番号確認：別紙の「①番号確認の書類」で確認してください。
　　　　　　正しい個人番号を会社に提供するよう、確実に番号確認等
　　　　　　を行うようお願いいたします。
②身元（実在）確認：知覚する（見る）こと等により本人であることが
　　　　　　　　　　明らかである場合には省略してかまいません。

　　　　　　知覚する（見る）こと等ができない場合には、別紙の「②
　　　　　　身元（実在）確認の書類」で確認してください。
　　　　　　　　　　　　　　　　　　　　　　　　　　　　　　　以上

　以上の個人番号は、行政機関等に提出する書類に記載することが義務づけられていますので、必ず提供するようにしてください。
　なお、今後、個人番号が変更された場合には、速やかに〇〇に知らせるようにしてください。
　　　　　　　　　　　　　　　　　　　　　　　　　　　　　以　上

(別紙)
① 　番号確認の書類
　以下の書類のうち、いずれか1つの写し。

□個人番号カード（表面及び裏面）、□通知カード、□住民票の写しまたは住民票記載事項証明書（ただし、個人番号が記載されているものに限ります）

② 　身元（実在）確認の書類
　以下の書類のうち、いずれか1つの写し（上記①に従い提出する通知カード、住民票の写しまたは住民票記載事項証明書に記載された氏名、及び生年月日または住所（以下「個人識別事項」といいます）と同じ個人識別事項が記載されているか、確認してください）。
　ただし、番号を確認するための書類として個人番号カード（表面及び裏面）の写しを提出する場合は、以下の書類の写しは不要です。

| | |
|---|---|
| □運転免許証、□運転経歴証明書（ただし、交付年月日が平成24年4月1日以降のものに限ります）、□パスポート、□身体障害者手帳、□精神障害者保健福祉手帳、□療育手帳、□在留カード、□特別永住者証明書 | |
| □写真付き学生証、□写真付き身分証明書、□写真付き社員証、□写真付き資格証明書（船員手帳、海技免状、猟銃・空気銃所持許可証、宅地建物取引主 | 個人識別事項が記載されているもので、提出時において有効 |

| 任者証、電気工事士免状、無線従事者免許証、認定電気工事従事者認定証、特種電気工事資格者認定証、耐空検査員の証、航空従事者技能証明書、運航管理者技能検定合格証明書、動力車操縦者運転免許証、教習資格認定証、検定合格証（警備員に関する検定の合格証）等 | なものに限ります。 |
|---|---|
| □税理士証票 | 提出時において有効なものに限ります。 |
| □戦傷病者手帳 | 提出時において有効なものに限ります。 |

　上記書類の提出が困難な場合は、以下の書類のうち、2つ以上の書類の写し（上記①で提出する通知カード、住民票の写しまたは住民票記載事項証明書に記載された個人識別事項と同じ個人識別事項が記載されているか、確認してください）。

　ただし、番号を確認するための書類として個人番号カード（表面及び裏面）の写しを提出する場合は、以下の書類の写しは不要です。

| □国民健康保険、健康保険、船員保険、後期高齢者医療もしくは介護保険の被保険者証、□健康保険日雇特例被保険者手帳、□国家公務員共済組合もしくは地方公務員共済組合の組合員証、□私立学校教職員共済制度の加入者証、□国民年金手帳、□児童扶養手当証書、□特別児童扶養手当証書 | |
|---|---|
| □学生証（写真なし）、□身分証明書（写真なし）、□社員証（写真なし）、□資格証明書（写真なし）（生活保護受給者証、恩給等の証書等） | 個人識別事項が記載されているもので、提出時において有効なものに限ります。 |
| □国税、地方税、社会保険料、公共料金の領収書、□納税証明書 | 領収日付の押印または発行年月日、及び個人識別事項が記載されているもので、提出時において領収 |

| | |
|---|---|
| | 日付または発行年月日が6か月以内のものに限ります。 |
| □印鑑登録証明書、□戸籍の附票の写し（謄本もしくは抄本も可）、□住民票の写し、□住民票記録事項証明書、□母子健康手帳 | 個人識別事項が記載されているもので、提出時において有効なものまたは発行もしくは発給された日から6か月以内のものに限ります。 |
| □源泉徴収票（給与所得の源泉徴収票、退職所得の源泉徴収票、公的年金等の源泉徴収票）、□支払通知書（配当等とみなす金額に関する支払通知書、オープン型証券投資信託収益の分配の支払通知書、上場株式配当等の支払通知書）、□特定口座年間取引報告書 | 個人識別事項が記載されているものに限ります。 |

【筆者注】本サンプルは、今後の番号法ガイドラインQ&Aの追加・変更等により変更される可能性がある点にご留意下さい。

　ただし、①番号確認については、個人番号カード、通知カード及び住民票（※）（以下「通知カード等」といいます）の提示が**困難であると**認められる場合には、過去に本人確認した上で作成した「特定個人情報ファイル」の個人番号及び個人識別事項を確認することでよいとされています。つまり、**最初の提供の際には必ず通知カード等の提示を受ける必要がありますが、2回目以降は会社に保存されている特定個人情報ファイルの確認でよい**ことになります。

　※　住民票とは、住民票の写し及び住民票記載事項証明書のことを指しています。以下同様。

　ここでいう「特定個人情報ファイル」とは、特定個人情報（※）を検

索できる形で保存したもののことをいいます。例えば、データベース・ソフトに格納した個人番号や、表計算ソフトで表形式に保存した個人番号、従業員等から提出を受けた通知カードの写しを五十音順や部門別に並べ替えたものがこれにあたります。

> ※ 特定個人情報とは、個人番号をその内容に含む個人情報のことをいいます。典型的には、「個人番号＋個人情報＝特定個人情報」という関係にあります。

②身元（実在）確認については、そもそも、雇用契約成立時等（入社時等）に本人であることの確認を行っている従業員から提供を受ける場合で、知覚すること（見ること）等により本人であることが明らかである場合には不要です（初回から不要です）（国税庁告示8－1）。

また、2回目以降の場合には、同一の者から継続して提供を受けていることになるため、知覚すること（見ること）等により本人であることが明らかである場合には不要です（国税庁告示8－3）。

なお、国税庁告示8－1にいう「雇用契約成立時等に本人であることの確認を行っている」とは、マイナンバー法または税法における本人確認のレベルでなければならないとされています。

ここで、所得税法施行令337条2項1号は、金融機関等に氏名、住所及び個人番号を告知する際の本人確認書類を定めたものですが、「個人の住民票の写し、（略）個人番号カードその他の財務省令で定める書類」としています。

したがって、運転免許証やパスポートのような顔写真付きの身分証明書で確認するか、顔写真なしの身分証明書等であれば2つを組み合わせることが望ましいとはいえますが、従業員の場合には入社時等に住民票の確認をしていれば、ここでいう「本人であることの確認を行っている」といえると考えられます。

以上について整理したものが、図表2－3及び図表2－4です。

なお、①番号確認については、個人番号カード、通知カード及び住民

図表2-3　従業員から初めて提供を受ける際の本人確認書類

| | 番号確認 | 身元（実在）確認 |
|---|---|---|
| 対　面 | ・個人番号カード | |
| | ・通知カード<br>・住民票 | ・運転免許証、旅券等<br>（入社時等に本人確認済みなら不要） |
| 書面の送付 | ・上記書類の写し | ・上記書類の写し<br>（入社時等に本人確認済みであり、かつ知覚できれば不要） |
| オンライン | ・上記書類の画像ファイル等 | ・上記書類の画像ファイル等<br>・ID・パスワードの認証（本人確認の上発行している場合） |

図表2-4　従業員から2回目以降に提供を受ける際の本人確認書類

| | 番号確認 | 身元（実在）確認 |
|---|---|---|
| 対　面 | ・個人番号カード、通知カード、住民票（<u>困難な場合にはデータベース等の確認</u>） | <u>不要</u><br>（同一の者から継続的に提供を受けているから） |
| 書面の送付 | ・上記書類の写し（<u>困難な場合にはデータベース等の確認</u>） | 運転免許証、旅券等の写し（同一の者から継続的に提供を受けているので、知覚できれば不要） |
| オンライン | ・<u>データベース等の確認</u> | ・運転免許証、旅券等の画像ファイル等<br>・<u>ID・パスワードの認証（本人確認の上発行している場合</u>） |

票の提示が困難である場合には、「自身の個人番号に相違ない旨の本人による申立書」（提示時において作成した日から6か月以内のものに限る）の提示を受けること等でもよいとされています（サンプルNo.2）。

第1節　従業員、配偶者・扶養親族の個人番号

| サンプル№.2 | 自身の個人番号に相違ない旨の本人による申立書 |

---

自身の個人番号に相違ない旨の申立書

　　　　　　　　　　　殿

下記の個人番号は私の個人番号に相違ありません。

　　年　　月　　日

　　　　　　住所 _____

　　　　　　氏名 _____ ㊞

　　　　　　　　　　明治
　　　　　　　　　　大正
　　　　　　　　　　昭和
　　　　　　生年月日　平成　　年　　月　　日生

記

　　　　　　個人番号 _____

【筆者注】本サンプルは、今後の番号法ガイドライン Q&A の追加・変更等により変更される可能性がある点にご留意下さい。

　この申立書には、本人の自署または捺印が必要です。

## 2 個人番号の提供が重要であることの周知

　個人番号の提供を依頼しても、拒まれるケースが出てくることが予想されます。それに備えて、個人番号の提供が重要であることの周知が必要です。

従業員にとっては、マイナンバー法上は個人番号の提供の義務がありません（就業規則に盛り込むことはできますので、この点については第3章第5節1［1］（134ページ）で説明します）。また、民間企業にとっても、個人番号の提供を受けられなかったからといってマイナンバー法上の罰則等はありません。

　しかしながら、個人番号が源泉徴収票等の法定調書の法定記載事項に含まれているため、個人番号は所得税法等の法令上必ず記載しなければならないものです。

**Check!** 　個人番号欄が空欄になっている場合の税務署の取扱いですが、「個人番号・法人番号の記載がないことをもって、税務署が書類を受理しないということはありません」とされています（国税庁「国税分野におけるFAQ」Q2-3-2）。

　そこで、実務上の取扱いが問題となりますが、内閣官房のFAQと国税庁のFAQでは、それぞれ以下のとおり記載されています。

〈内閣官房「よくある質問（FAQ）」〉

> Q4-2-5　税や社会保障の関係書類へのマイナンバー（個人番号）の記載にあたり、事業者は従業員等からマイナンバーを取得する必要がありますが、その際、従業員等がマイナンバーの提供を拒んだ場合、どうすればいいですか？
> A4-2-5　社会保障や税の決められた書類にマイナンバーを記載することは、法令で定められた義務であることを周知し、提供を求めてください。それでも提供を受けられないときは、書類の提出先の機関の指示に従ってください。

〈国税庁「国税分野におけるFAQ」〉

> Q2-10　従業員や講演料等の支払先等から個人番号の提供を受けられない場合、どのように対応すればいいですか。

(答)

　法定調書作成などに際し、個人番号の提供を受けられない場合でも、安易に個人番号を記載しないで書類を提出せず、個人番号の記載は、法律（国税通則法、所得税法等）で定められた義務であることを伝え、提供を求めてください。

　それでもなお、提供を受けられない場合は、提供を求めた経過等を記録、保存するなどし、単なる義務違反でないことを明確にしておいてください。

　経過等の記録がなければ、個人番号の提供を受けていないのか、あるいは提供を受けたのに紛失したのかが判別できません。特定個人情報保護の観点からも、経過等の記録をお願いします。（以下略）

　以上から、個人番号の提供を求める際に、個人番号の記載が、**法律**（国税通則法、所得税法等）**で定められた義務である**ことを伝え、それを記録化しておく必要があります。

　この点を記載したのが、サンプル№4のうち、以下の文言です。

　この度、「行政手続における特定の個人を識別するための番号の利用等に関する法律」（マイナンバー法）の施行により、行政機関等に提出する源泉徴収票や社会保険関係の書類等に、従業員、配偶者及び扶養親族等の個人番号（マイナンバー）を記載することが義務づけられるとともに、事業者が個人番号の提供を受ける際には、本人確認を行うことも義務づけられました。

　そのため、従業員各位は、自身の個人番号と、控除対象配偶者・扶養親族の個人番号を「扶養控除等（異動）申告書」に記載して提供してください。

(略)

　以上の個人番号は、行政機関等に提出する書類に記載することが義務づけられていますので、必ず提供するようにしてください。

このように、個人番号を書類に記載することが法的な義務であることを周知した上で提供を求め、当該通知をいつ従業員に提示したか等を記録しておくことが必要になります。

### ③ 個人番号が変更された場合に申告すべきことの周知

　個人番号は、生まれてから死ぬまで1つの番号であるのが原則ですが、「個人番号及び当該個人番号が漏えいして不正に用いられるおそれがあると認められる理由（略）を記載した請求書」を市区町村に提出し（令3条1項（法7条2項））、市区町村長が「理由があると認めるとき」（令3条4項）には新しい番号の生成が行われることになっています。また、職権による変更もできるとされています。

　したがって、**個人番号が変わることは相当程度ある**ものと思われます。

　個人番号が変更されたことについて、民間企業には積極的に確認する法的義務はありませんが（※）、行政機関等に提出する書類に記載する個人番号が誤ったものになってしまうという問題があります。

　※　個人情報保護法19条により個人データの内容の正確性に対する努力義務があるのみです。

　この点について、内閣官房のFAQには、以下の記載があります。

〈内閣官房「よくある質問（FAQ）」〉

> Q4-4-4　マイナンバー（個人番号）が漏えいして不正に用いられるおそれがあるときは、マイナンバーの変更が認められますが、事業者は、従業員などのマイナンバーが変更されたことをどのように知ることができますか？
> A4-4-4　マイナンバーが変更されたときは事業者に申告するように従業員などに周知しておくとともに、一定の期間ごとにマイナンバーの変更がないか確認することが考えられます。毎年の扶養控除等申告書など、マイナンバーの提供を受ける機会は定期的にあると考えられるの

> で、その際に変更の有無を従業員などに確認することもできます。

　したがって、個人番号の提供を依頼する際に、個人番号が変更された場合に通知するよう依頼しておくことが重要です。
　このことを記載したのが、サンプルNo.4のうちの以下の文言です。

> 　なお、今後、個人番号が変更された場合には、速やかに○○に知らせるようにしてください。

　内閣官房FAQのA4-4-4に記載されているとおり、従業員やその扶養親族等の個人番号は、毎年の扶養控除等（異動）申告書で変更されたことがわかりますが、上記の文言を確認的に記載していることになります。

## ［３］利用目的の通知書

　以上のようにして扶養控除等（異動）申告書で収集した個人番号は、社会保険関係の手続で利用することもできます。ただし、そのためには、社会保険関係の手続で利用することを、利用目的として特定し、通知または公表（明示）しておく必要があります。
　そのための利用目的の通知書の例が、**サンプルNo.3**です。
　個人番号の利用目的を従業員に対して提示し、従業員が配偶者・扶養親族等にも伝えることとしており、それが適正に行われているのであれば、配偶者・扶養親族等にも通知しているといえると考えられます（「特定個人情報保護ガイドライン検討会（事業者グループ）等において寄せられた質問に係る考え方」（特定個人情報保護委員会事務局、平成26年10月10日）No.7）。
　なお、利用目的は、通知または公表すればよく、**同意は必要ありません**。また、通知または公表は、必ずしも書面で行う必要はありません。サ

図表2－5　厚生労働省「雇用管理分野における個人情報保護に関するガイドライン：事例集」（抜粋）

【適切に「公表」している例】
（1）会社のホームページのうちアクセスが容易な場所への掲載
（2）従業員に対する回覧板への現従業員に係る雇用管理情報の利用目的の掲載
（3）パンフレット、社内報等の配布
（4）従業員が定期的に見ると想定される事業所内の掲示板への掲示

【適切に「本人に通知」している例】
（1）面談において、口頭で伝達し又はちらし等の文書を渡すこと
（2）当該本人であることを確認できていることを前提として、電話により口頭で知らせること
（3）退職者等で遠隔地に在住する者に対して、文書を郵便等で送付すること、又は電子メール、ＦＡＸ等のうち本人が常時使用する媒体により送信すること

【「本人に通知」しているとはいえない例】
（1）当該本人であることを確認できていない状況下において、電話により口頭で知らせること
（2）現住所が正確に把握できていない者に対し、文書を郵便等で送付し、無事届いたか否かにつき事後的な確認及び必要な対応を行わないこと
（3）電子メールを常時使用する者でない者に対し、電子メールを送信すること

ンプルNo.3と同じ内容を、会社のホームページのうちアクセスが容易な場所に掲載したり、電子メールに記載して送信することなどでもかまいません。**図表2－5**は厚生労働省のガイドラインから関係箇所を抜粋したものですから、これを参照して自社に合った適切な方法で通知または公表することになります。

　なお、ホームページ等で公表するのであれば、後記**サンプルNo.10**で説明する「基本方針」に利用目的を記載して公表する方法が簡便であると

**サンプル№3** 利用目的の通知書（対従業員・扶養親族等）

年　　月　　日

従業員各位

［株式会社○○○○
○○部○○課］

## 個人番号の利用目的について

　当社は、当社の従業員（役員等を含む）から収集した、従業員、その配偶者及び扶養親族等の個人番号を、下記の目的で利用します。
　この利用目的は、必ず、個人番号を当社に提供することになる配偶者及び扶養親族等に伝えてください。

記

1．従業員の個人番号
　○源泉徴収票作成事務
　○財産形成住宅貯蓄・財産形成年金貯蓄に関する申告書、届出書及び申込書提出事務
　○健康保険・厚生年金保険に関する届出、申請、請求事務
　○雇用保険に関する届出、申請、請求事務
　○従業員持株会の会員である者について、支払調書作成事務のために従業員持株会に提供すること

2．従業員の配偶者、扶養親族等の個人番号
　○源泉徴収票作成事務
　○健康保険・厚生年金保険届出事務

以　　上

【筆者注】本サンプルは、今後の番号法ガイドラインQ&Aの追加・変更等により変更される可能性がある点にご留意下さい。

考えられます。

　前述したとおり、利用目的を従業員に「通知」し、従業員がそれを配偶者・扶養親族等に適切に伝えていれば、配偶者・扶養親族等に通知しているといえると考えられますが、トラブルを避けるためには、ホームページ等での「公表」も行うことが**実務的には望ましい**と思われます。

## 2 扶養控除等（異動）申告書以外の方法による収集

　扶養控除等（異動）申告書以外の方法で個人番号を収集することも可能です。**同申告書を提出しない従業員から収集する場合**等には、これを使うことになります。

　この場合に必要になる「個人番号の提供書」の例が**サンプルNo.4**です。

　なお、前記 1 ［ 2 ］ 1 （19ページ）で述べたとおり、入社時等に本人であることの確認を行っている従業員から提供を受ける場合であり、知覚すること（見ること）等により本人であることが明らかである場合等には、②身元（実在）確認の書類は不要です。

　また、会社が、本人（この場合は従業員）の「個人識別事項」（※）を印字した「個人番号の提供書」を作成し、同書をもって個人番号の提供を受ければ、同書が②身元（実在）確認書類となります。つまり、運転免許証やパスポートの提示は不要になります。この場合の書式例は、後記**サンプルNo.8**を参照してください。

　※　個人識別事項とは、（ⅰ）氏名、及び（ⅱ）生年月日または住所をいいます。

　このサンプルは、従業員が所属長や庶務課などに提出し、そこから本社の経理・総務などに送付した上で、経理・総務が本人確認を行うことを想定しています。

　所属長や庶務課などの現場が本人から対面で受け取って本人確認する

**サンプルNo.4** 個人番号の提供書（対従業員）

　　　　　　　　　　　　　　　　　　　　　　　　　年　　月　　日
従業員各位
　　　　　　　　　　　　　　　　　　　　　　　［株式会社〇〇〇〇
　　　　　　　　　　　　　　　　　　　　　　　　〇〇部〇〇課］

個人番号の提供について

　この度、「行政手続における特定の個人を識別するための番号の利用等に関する法律」（マイナンバー法）の施行により、行政機関等に提出する源泉徴収票や社会保険関係の書類等に、従業員、配偶者及び扶養親族等の個人番号（マイナンバー）を記載することが義務づけられるとともに、事業者が個人番号の提供を受ける際には、本人確認を行うことも義務づけられました。

　そのため、従業員各位は、自身の個人番号を添付の「個人番号の提供書」に記載して提供してください。

　その際、本人確認のため、同提供書に記載した①番号確認の書類、及び②身元（実在）確認の書類の写しを添付してください。

　以上の個人番号は、行政機関等に提出する書類に記載することが義務づけられていますので、必ず提供するようにしてください。
　なお、今後、個人番号が変更された場合には、速やかに〇〇に知らせるようにしてください。

　　　　　　　　　　　　　　　　　　　　　　　　　　　　以　　上

---

個人番号の提供書

　　　　　　　　　　　　　　　　　　　　　　　　　年　　月　　日
［株式会社〇〇〇〇］宛
　私の個人番号を提供します。

住所・氏名・個人番号

　　住所 _____

　　　　 _____

　　氏名 _____

　　個人番号 | | | | | | | | | | | | |

① 番号確認の書類

以下の書類のうち、いずれか1つの写しを添付してください。

> □個人番号カード（表面及び裏面）、□通知カード、□住民票の写しまたは住民票記載事項証明書（ただし、個人番号が記載されているものに限ります）

② 身元（実在）確認の書類

以下の書類のうち、いずれか1つの写しを添付してください（上記①に従い提出する通知カード、住民票の写しまたは住民票記載事項証明書に記載された氏名、及び生年月日または住所（以下「個人識別事項」といいます）と同じ個人識別事項が記載されているか、確認してください）。

ただし、番号を確認するための書類として個人番号カード（表面及び裏面）を提示する場合は、以下の書類の写しは不要です。

| | |
|---|---|
| □運転免許証、□運転経歴証明書（ただし、交付年月日が平成24年4月1日以降のものに限ります）、□パスポート、□身体障害者手帳、□精神障害者保健福祉手帳、□療育手帳、□在留カード、□特別永住者証明書 | |
| □写真付き学生証、□写真付き身分証明書、□写真付き社員証、□写真付き資格証明書（船員手帳、海技免状、猟銃・空気銃所持許可証、宅地建物取引主任者証、電気工事士免状、無線従事者免許証、認定電気工事従事者認定証、特種電気工事資格者認定証、耐空検査員の証、航空従事者技能証明書、運航 | 個人識別事項が記載されているもので、提出時において有効なものに限ります。 |

第1節　従業員、配偶者・扶養親族の個人番号

| | |
|---|---|
| 管理者技能検定合格証明書、動力車操縦者運転免許証、教習資格認定証、検定合格証（警備員に関する検定の合格証）等） | |
| □税理士証票 | 提出時において有効なものに限ります。 |
| □戦傷病者手帳 | 提出時において有効なものに限ります。 |

　上記書類の提出が困難な場合は、以下の書類のうち、2つ以上の書類の写しを添付してください（上記①で提出する通知カード、住民票の写しまたは住民票記載事項証明書に記載された個人識別事項と同じ個人識別事項が記載されているか、確認してください）。

　ただし、番号を確認するための書類として個人番号カード（表面及び裏面）を提示する場合は、以下の書類の写しは不要です。

| | |
|---|---|
| □国民健康保険、健康保険、船員保険、後期高齢者医療もしくは介護保険の被保険者証、□健康保険日雇特例被保険者手帳、□国家公務員共済組合もしくは地方公務員共済組合の組合員証、□私立学校教職員共済制度の加入者証、□国民年金手帳、□児童扶養手当証書、□特別児童扶養手当証書 | |
| □学生証（写真なし）、□身分証明書（写真なし）、□社員証（写真なし）、□資格証明書（写真なし）（生活保護受給者証、恩給等の証書等） | 個人識別事項が記載されているもので、提出時において有効なものに限ります。 |
| □国税、地方税、社会保険料、公共料金の領収書、□納税証明書 | 領収日付の押印または発行年月日、及び個人識別事項が記載されているもので、提出時において領収日付または発行年月日が6か月以内のものに限ります。 |
| □印鑑登録証明書、□戸籍の附票の写 | 個人識別事項が記載されているも |

| | |
|---|---|
| し（謄本もしくは抄本も可）、☐住民票の写し、☐住民票記録事項証明書、☐母子健康手帳 | ので、提出時において有効なものまたは発行もしくは発給された日から6か月以内のものに限ります。 |
| ☐源泉徴収票（給与所得の源泉徴収票、退職所得の源泉徴収票、☐公的年金等の源泉徴収票）、☐支払通知書（配当等とみなす金額に関する支払通知書、オープン型証券投資信託収益の分配の支払通知書、上場株式配当等の支払通知書）、☐特定口座年間取引報告書 | 個人識別事項が記載されているものに限ります。 |

【筆者注】本サンプルは、今後の番号法ガイドラインQ&Aの追加・変更等により変更される可能性がある点にご留意下さい。

場合には、番号確認書類と身元（実在）確認書類は原本の提示が必要となります。

なお、この場合にも利用目的の通知または公表が必要になりますので、前記32ページの「利用目的の通知書」の交付等が必要になります。

## 3 国民年金第3号被保険者関係届の提出を受ける場合

「国民年金第3号被保険者関係届」は、第3号被保険者が被保険者（従業員）自らの個人番号を記載して作成し、事業主を通じて日本年金機構に提出される書類です。

**Check!** 前述したとおり、事業主が作成する書類には第3号被保険者の個人番号が必要になるものがないため、事業主があらかじめ第3号被保険者の個人番号を収集しておく必要はありません。

したがって、民間企業としては、同関係届の提出を第3号被保険者から受ける際に、従業員及び第3号被保険者の**個人番号の提供を受けてい**

る形になってしまいますので、本人確認を行う義務があります。

　同関係届は、通常、従業員を通じて提出を受けることになります。したがって、この場合の第3号被保険者の個人番号についての本人確認の方法は、以下の2つの方法があります。

■方法1：従業員が第3号被保険者の代理人となる
　　　　　→会社は、**図表2－6**の書類（3点セット）の確認が必要となります。

図表2－6　代理人から提供を受ける際の本人確認

| 本人認確認の内容 | 本人確認書類 |
| --- | --- |
| ①　代理権の確認 | 第3号被保険者から従業員に宛てた「委任状」（法定代理人の場合には、戸籍謄本や続柄付き住民票等） |
| ②　代理人の身元（実在）確認 | 従業員の運転免許証やパスポート等 |
| ③　本人の番号確認 | 第3号被保険者の個人番号カード、通知カードまたは住民票 |

■方法2：会社が本人確認の事務を従業員に委託する
　　　　　→この従業員への委託については、後記5［2］（42ページ）で詳述します。

　このうち、方法1で必要となる委任状（※）の例が、**サンプルNo.5**です。

　※　委任状とは、「個人識別事項が記載された書類であって、当該個人識別事項により識別される特定の個人が本人の依頼により（略）本人の代理人として個人番号の提供をすることを証明するもの」（令12条2項1号、規則6条1項2号）です。

　また、委任状の提示が困難である場合には、本人（第3号被保険者）の個人番号カード、運転免許証または旅券等の提示を受けることで代理権の確認をすることもできます（規則6条1項3号、国税庁告示12-2）。

**サンプルNo.5** 委任状

委 任 状

年　　月　　日

［株式会社:○○○○］御中

企業名・団体名を印字しておく

（代理人）
　住所
　
　氏名
　生年月日

従業員等の住所・氏名・生年月日（個人識別事項）を記入してもらう

私は上記の者を代理人と定め、次の事項を委任します。
　委任事項：私の個人番号を貴社に提供すること

（本人）
　住所
　
　氏名　　　　　　　　　　　　　　　　㊞
　生年月日

本人（配偶者等）の住所・氏名・生年月日を記入してもらう

三文判でもかまわないが、スタンプ印は不可

【筆者注】本サンプルは、今後の番号法ガイドラインQ&Aの追加・変更等により変更される可能性がある点にご留意下さい。

## 4　健康保険被扶養者（異動）届の提出を受ける場合

「健康保険被扶養者（異動）届」は、従業員（被保険者）が作成する書類であり、被保険者（従業員）及び被扶養者の個人番号が記載されて

第1節　従業員、配偶者・扶養親族の個人番号　　39

います。

> **Check!** 前述したとおり、事業主が作成する書類には健康保険の被扶養者の個人番号が必要になるものがないため、事業主があらかじめ健康保険の被扶養者の個人番号を収集しておく必要はありません。

したがって、民間企業としては、**同被扶養者届を従業員から受け取る際に、個人番号の提供を受けている形になってしまいます。**

その際の本人確認は、以下のとおりとなります。

まず、従業員本人の個人番号については、通常どおり本人確認が必要になります。

次に、健康保険の被扶養者の個人番号については、本人確認は不要です。従業員が個人番号関係事務実施者となるため、本人からではなく個人番号関係事務実施者から提供を受けることになるためです（前記1で述べた扶養控除等（異動）申告書と同じ）。

なお、健康保険被扶養者（異動）届と国民年金第3号被保険者関係届は1枚の帳票となるため、結果として以下のとおりの取扱いとなります。

| 提供される個人番号 | 本人確認の要否 |
| --- | --- |
| 従業員本人の個人番号 | 本人確認が必要 |
| 国民年金の第3号被保険者の個人番号 | 原則として、代理人経由で提供を受ける際の本人確認が必要 |
| 健康保険の被扶養者の個人番号 | 事業主としての本人確認は不要 |

## 5 外部ベンダの「個人番号収集サービス」等を利用する場合

個人番号関係事務実施者である民間企業は、個人番号の収集及び本人確認の事務を第三者に委託することができます（法9条3項）。

そのため、外部のITベンダ等が行う「個人番号収集サービス」等を利用して、従業員等がネット上で個人番号を登録する方法等を採用することもできます。

　その際には、本人確認の取扱いが問題となります。

　まず、従業員本人の個人番号については、通常どおり、①番号確認及び②身元（実在）確認を行うことになります。なお、本人確認を外部に委託する場合には、「知覚すること等」により本人であることが明らかになることがありませんので、身元（実在）確認を省略することはできません。

　次に、配偶者・扶養親族については、[1] 従業員が配偶者・扶養親族の代理人となる、[2] 本人確認の事務を会社が従業員に委託する、の2つの方法が考えられます。

## [1] 従業員が配偶者・扶養親族の代理人となる場合

　この場合、代理人経由の場合の本人確認が必要になります（図表2-7）。

図表2-7　代理人から提供を受ける際の本人確認

| 本人確認の内容 | 本人確認書類 |
| --- | --- |
| ① 代理権の確認 | 配偶者・扶養親族から従業員に宛てた「委任状」（法定代理人の場合には、戸籍謄本や続柄付き住民票等） |
| ② 代理人の身元（実在）確認 | 従業員の運転免許証やパスポート等 |
| ③ 本人の番号確認 | 配偶者・扶養親族の個人番号カード、通知カードまたは住民票 |

　これらの書類の画像ファイルをアップロードする等して、本人確認することになります。

## ［２］本人確認の事務を会社が従業員に委託する場合

　配偶者・扶養親族の本人確認の事務を、会社が従業員に委託することも可能です。

　この場合、会社は、委託先となる従業員に対する「必要かつ適切な監督」（法11条）の義務があります。

　ここでいう「必要かつ適切な監督」として、番号法ガイドラインは、以下の３つが含まれるとしています（詳細は第４章第１節（147ページ）参照）。

　①　委託先の適切な選定
　②　安全管理措置に関する委託契約の締結
　③　委託先における特定個人情報等の取扱状況の把握

　これらの義務を、従業員との関係でどのように果たすのかは、各社の状況により様々であることになりますが、典型的には、**サンプルNo.6** のような通知を従業員に行うことが考えられます。

　サンプルNo.6は書面の形態になっていますが、同様の内容を電子メール等で通知することでもかまいません。

　①の委託先の適切な選定について、番号法ガイドラインは「委託先において、番号法に基づき委託者自らが果たすべき安全管理措置と同等の措置が講じられるか否かについて、あらかじめ確認しなければならない」としています。これについては、自社の従業員であれば、自社が講じている安全管理措置について監督・教育を行っているのが通常ですから、本人確認を委託する際に改めて特段の措置を講じることはないものと考えられます。

　この点を記載したのが、サンプルNo.6の以下（46ページ）の文言です。

**サンプルNo.6** 従業員に扶養親族等の本人確認を委託するための通知

年　　月　　日

従業員各位

[株式会社〇〇〇〇
〇〇部〇〇課]

## 個人番号の提供について

　この度、「行政手続における特定の個人を識別するための番号の利用等に関する法律」(マイナンバー法)の施行により、行政機関等に提出する源泉徴収票や社会保険関係の書類等に、従業員、配偶者及び扶養親族等の個人番号(マイナンバー)を記載することが義務づけられるとともに、事業者が個人番号の提供を受ける際には、本人確認を行うことも義務づけられました。

　そのため、従業員各位は、添付のマニュアルに従って、自身の個人番号と、控除対象配偶者・扶養親族の個人番号を登録してください。

　その際、本人確認のため、別紙に記載した①番号確認の書類、及び②身元(実在)確認の書類の写しをアップロードしてください。

　なお、配偶者・扶養親族の個人番号については、従業員各位が、下記のとおり必ず本人確認(①番号確認、及び②身元(実在)確認)を行ってください。

記

①番号確認：別紙の「①番号確認の書類」で確認してください。
　　　　　　正しい個人番号を会社に提供するよう、確実に番号確認を
　　　　　　行うようお願いいたします。
②身元(実在)確認：知覚する(見る)こと等により本人であることが
　　　　　　　　　明らかである場合には省略してかまいません。
　　　　　　　　　知覚する(見る)こと等ができない場合には、別紙の「②
　　　　　　　　　身元(実在)確認の書類」で確認してください。

なお、入手した配偶者・扶養親族の個人番号は、それが漏えいしたり紛失したりすることがないよう、個人情報・特定個人情報取扱規程に従って厳重に保管・管理してください。

　以上の個人番号は、行政機関等に提出する書類に記載することが義務づけられていますので、必ず提供するようにしてください。

　なお、今後、個人番号が変更された場合には、速やかに○○に知らせるようにしてください。

以　上

(別紙)
① 番号確認の書類
　以下の書類のうち、いずれか1つの写し。

> □個人番号カード（表面及び裏面）、□通知カード、□住民票の写しまたは住民票記載事項証明書（ただし、個人番号が記載されているものに限ります）

② 身元（実在）確認の書類
　以下の書類のうち、いずれか1つの写し（上記①に従い提出する通知カード、住民票の写しまたは住民票記載事項証明書に記載された氏名、及び生年月日または住所（以下「個人識別事項」といいます）と同じ個人識別事項が記載されているか、確認してください）。

　ただし、番号を確認するための書類として個人番号カード（表面及び裏面）を提示する場合は、以下の書類の写しは不要です。

| | |
|---|---|
| □運転免許証、□運転経歴証明書（ただし、交付年月日が平成24年4月1日以降のものに限ります）、□パスポート、□身体障害者手帳、□精神障害者保健福祉手帳、□療育手帳、□在留カード、□特別永住者証明書 | |
| □写真付き学生証、□写真付き身分証明書、□写真付き社員証、□写真付き資格証明書（船員手帳、海技免状、猟銃・空気銃所持許可証、宅地建物取引主任者証、電気工事士免状、無線従事者免 | 個人識別事項が記載されているもので、提出時において有効なものに限ります。 |

| | |
|---|---|
| 許証、認定電気工事従事者認定証、特種電気工事資格者認定証、耐空検査員の証、航空従事者技能証明書、運航管理者技能検定合格証明書、動力車操縦者運転免許証、教習資格認定証、検定合格証（警備員に関する検定の合格証）等） | |
| □税理士証票 | 提出時において有効なものに限ります。 |
| □戦傷病者手帳 | 提出時において有効なものに限ります。 |

上記書類の提出が困難な場合は、以下の書類のうち、2つ以上の書類の写し（上記①で提出する通知カード、住民票の写しまたは住民票記載事項証明書に記載された個人識別事項と同じ個人識別事項が記載されているか、確認してください）。

ただし、番号を確認するための書類として個人番号カード（表面及び裏面）を提示する場合は、以下の書類の写しは不要です。

| | |
|---|---|
| □国民健康保険、健康保険、船員保険、後期高齢者医療もしくは介護保険の被保険者証、□健康保険日雇特例被保険者手帳、□国家公務員共済組合もしくは地方公務員共済組合の組合員証、□私立学校教職員共済制度の加入者証、□国民年金手帳、□児童扶養手当証書、□特別児童扶養手当証書 | |
| □学生証（写真なし）、□身分証明書（写真なし）、□社員証（写真なし）、□資格証明書（写真なし）（生活保護受給者証、恩給等の証書等） | 個人識別事項が記載されているもので、提出時において有効なものに限ります。 |
| □国税、地方税、社会保険料、公共料金の領収書、□納税証明書 | 領収日付の押印または発行年月日、及び個人識別事項が記載されているもので、提出時において領収日付または発行年月日が6か月以内のものに限ります。 |

第1節　従業員、配偶者・扶養親族の個人番号

| □印鑑登録証明書、□戸籍の附票の写し（謄本もしくは抄本も可）、□住民票の写し、□住民票記録事項証明書、□母子健康手帳 | 個人識別事項が記載されているもので、提出時において有効なものまたは発行もしくは発給された日から6か月以内のものに限ります。 |
|---|---|
| □源泉徴収票（給与所得の源泉徴収票、退職所得の源泉徴収票、公的年金等の源泉徴収票）、□支払通知書（配当等とみなす金額に関する支払通知書、オープン型証券投資信託収益の分配の支払通知書、上場株式配当等の支払通知書）、□特定口座年間取引報告書 | 個人識別事項が記載されているものに限ります。 |

【筆者注】本サンプルは、今後の番号法ガイドラインQ&Aの追加・変更等により変更される可能性がある点にご留意下さい。

> なお、入手した控除対象配偶者・扶養親族の個人番号は、それが漏えいしたり紛失したりすることがないよう、個人情報・特定個人情報取扱規程に従って厳重に保管・管理してください。

　このように、入手した配偶者・扶養親族の個人番号を漏えい等しないように念のため確認する等で十分であるのが通常であると思われます。
　②安全管理措置に関する委託契約の締結、及び③取扱状況の把握についても、すでに取扱規程等を策定して従業員に対する監督・教育を行っているため、文書や電子メール等で、本人確認を行うこと及び個人番号の登録を行うことを委託し、漏えい等を起こさないよう取扱規程等に従うように周知すれば十分であるのが通常であると考えられます。
　なお、この場合でも、利用目的の特定と、通知または公表は必要ですので、前記1［3］（30ページ）に従って行う必要があります。

## 第2節

# 取引先、株主等の個人番号

　支払調書を提出する取引先、非上場会社の株主・出資者、金融機関の顧客から個人番号を収集する際にも、本人確認と利用目的の通知または公表が必要になります。

## 1 取引先、株主等への依頼書
## 　　（本人確認書類の提出、提供の重要性の周知等）

　まず、取引先、株主・出資者、顧客等に宛てて、個人番号の提供を依頼する通知をすることが必要になります（**サンプルNo.7**）。
　この通知には、以下の項目を盛り込むことが重要です。
　① 本人確認書類の提出の依頼
　② 個人番号の提供が重要であることの周知
　③ 個人番号が変更された場合に申告すべきことの周知

### ① 本人確認書類の提出の依頼
　個人番号の提供を受ける際には、本人確認を行う必要があります（第1章第2節（5ページ））。そのため、①番号確認書類と②身元（実在）確認書類の具体例を列挙しています。
　なお、②身元（実在）確認書類の添付を省略する方法がありますので、後記2で詳述します。

**サンプルNo.7** 取引先、株主等への個人番号の提供の依頼

年　月　日

［〇〇〇〇］　様

［株式会社〇〇〇〇<br>〇〇部〇〇課］

個人番号及び本人確認書類の提供のお願い

拝啓　時下ますますご清栄のこととお喜び申し上げます。
　当社の業務運営につきまして、平素から深いご理解と格別のご協力を賜り厚くお礼申し上げます。
　さて、この度、「行政手続における特定の個人を識別するための番号の利用等に関する法律」（マイナンバー法）の施行により、事業者が税務当局に提出する支払調書に支払先様の個人番号（マイナンバー）を記載することが義務づけられるとともに、事業者が支払先様から個人番号の提供を受ける際には、支払先様の本人確認を行うことも義務づけられました。
　このため、当社では、支払先様から個人番号を申告していただくとともに、本人確認のご協力をお願いしております。

　つきましては、ご多用中誠に恐縮に存じますが、同封している個人番号の提供書に必要事項をご記入［、ご捺印］いただき、番号の確認を行うための書類及び身元を確認するための書類を同封の上、返信用封筒にてご返送くださいますようお願い申し上げます。

　以上の個人番号は、税務当局に提出する支払調書に記載することが義務づけられていますので、必ずご提供くださいますよう、お願い申し上げます。
　ご提供いただいた個人番号は、［報酬、料金、契約金及び賞金の支払調書作成事務］［不動産取引に関する支払調書作成事務］［配当等に関する支払調書作成事務］のみに利用し、それ以外の利用目的では利用いた

しません。
　なお、ご提供後に個人番号が変更された場合には、速やかに当社へお知らせください。

敬具

【お問い合わせ先】株式会社〇〇〇〇　〇〇部〇〇課
電話番号　〇〇〇〇〇

## 個人番号の提供書

年　　月　　日

［株式会社〇〇〇〇］　宛

　私の個人番号を提供します。

1．住所・氏名・個人番号
　　　住所
　　　＿＿＿＿＿＿＿＿＿＿＿＿＿＿＿＿＿＿
　　　氏名
　　　個人番号｜　｜　｜　｜　｜　｜　｜　｜　｜　｜　｜　｜
　　　※　住所・氏名・個人番号をご記入ください。

（個人番号の欄は省略可）

2．番号を確認するための書類
　以下の書類のうち、いずれか1つのコピーを返信用封筒に同封してください。

　　□個人番号カード（表面及び裏面）、□通知カード、□住民票の写しまたは住民票記載事項証明書（ただし、個人番号が記載されているものに限ります）

3．身元を確認するための書類

　以下の書類のうち、いずれか1つのコピーを返信用封筒に同封してください（上記2．に従い提出する通知カード、住民票の写しまたは住民票記載事項証明書に記載された氏名、及び生年月日または住所（以下「個人識別事項」といいます）と同じ個人識別事項が記載されているか、確認してください）。

　ただし、番号を確認するための書類として個人番号カード（表面及び裏面）を同封していただく場合は、以下の書類のコピーは不要です。

| | |
|---|---|
| □運転免許証、□運転経歴証明書（ただし、交付年月日が平成24年4月1日以降のものに限ります）、□パスポート、□身体障害者手帳、□精神障害者保健福祉手帳、□療育手帳、□在留カード、□特別永住者証明書 | |
| □写真付き学生証、□写真付き身分証明書、□写真付き社員証、□写真付き資格証明書（船員手帳、海技免状、猟銃・空気銃所持許可証、宅地建物取引主任者証、電気工事士免状、無線従事者免許証、認定電気工事従事者認定証、特種電気工事資格者認定証、耐空検査員の証、航空従事者技能証明書、運航管理者技能検定合格証明書、動力車操縦者運転免許証、教習資格認定証、検定合格証（警備員に関する検定の合格証）等） | 個人識別事項が記載されているもので、提出時において有効なものに限ります。 |
| □税理士証票 | 提出時において有効なものに限ります。 |
| □戦傷病者手帳 | 提出時において有効なものに限ります。 |

　上記書類の提出が困難な場合は、以下の書類のうち、2つ以上の書類のコピーを返信用封筒に同封してください（上記2．で提出する通知カード、住民票の写しまたは住民票記載事項証明書に記載された氏名、及び生年月日または住所（「個人識別事項」）と同じ個人識別事項が記載

されているか、確認してください)。

　ただし、番号を確認するための書類として個人番号カード（表面及び裏面）を同封していただく場合は、以下の書類のコピーは不要です。

| | |
|---|---|
| □国民健康保険、健康保険、船員保険、後期高齢者医療もしくは介護保険の被保険者証、□健康保険日雇特例被保険者手帳、□国家公務員共済組合もしくは地方公務員共済組合の組合員証、□私立学校教職員共済制度の加入者証、□国民年金手帳、□児童扶養手当証書、□特別児童扶養手当証書 | |
| □学生証（写真なし）、□身分証明書（写真なし）、□社員証（写真なし）、□資格証明書（写真なし）（生活保護受給者証、恩給等の証書等） | 個人識別事項が記載されているもので、提出時において有効なものに限ります。 |
| □国税、地方税、社会保険料、公共料金の領収書、□納税証明書 | 領収日付の押印または発行年月日、及び個人識別事項が記載されているもので、提出時において領収日付または発行年月日が6か月以内のものに限ります。 |
| □印鑑登録証明書、□戸籍の附票の写し（謄本もしくは抄本も可）、□住民票の写し、□住民票記録事項証明書、□母子健康手帳 | 個人識別事項が記載されているもので、提出時において有効なものまたは発行もしくは発給された日から6か月以内のものに限ります。 |
| □源泉徴収票（給与所得の源泉徴収票、退職所得の源泉徴収票、公的年金等の源泉徴収票）、□支払通知書（配当等とみなす金額に関する支払通知書、オープン型証券投資信託収益の分配の支払通知書、上場株式配当等の支払通知書）、□特定口座年間取引報告書 | 個人識別事項が記載されているものに限ります。 |

〈個人番号の利用目的〉
　ご提供いただいた個人番号は、［報酬、料金、契約金及び賞金の支払調書作成事務］［不動産取引に関する支払調書作成事務］［配当等に関する支払調書作成事務］のみに利用し、それ以外の利用目的では利用いたしません。

【筆者注】本サンプルは、今後の番号法ガイドラインQ&Aの追加・変更等により変更される可能性がある点にご留意下さい。

## 2 個人番号の提供が重要であることの周知

　前記第1節 1 ［2］ 2 （26ページ）で述べたとおり、個人番号の提供を依頼しても、拒まれるケースが出てくることが予想されます。

　しかしながら、個人番号は支払調書の法定記載事項に含まれているため、内閣官房のFAQ及び国税庁のFAQに基づくと、個人番号の提供が重要であることの周知が必要となります。

　具体的には、個人番号の提供を求める際に、個人番号の記載が、**法律（国税通則法、所得税法等）で定められた義務**であることを伝え、それを記録化しておく必要があります。

　この点を記載したのが、サンプル№7の以下の文言です。

　さて、この度、「行政手続における特定の個人を識別するための番号の利用等に関する法律」（マイナンバー法）の施行により、事業者が税務当局に提出する支払調書に支払先様の個人番号（マイナンバー）を記載することが義務づけられるとともに、事業者が支払先様から個人番号の提供を受ける際には、支払先様の本人確認を行うことも義務づけられました。
　このため、当社では、支払先様から個人番号を申告していただくとともに、本人確認のご協力をお願いしております。
　　　　　　　　　　　　　（略）
　以上の個人番号は、税務当局に提出する支払調書に記載することが義

> 務づけられていますので、必ずご提供くださいますよう、お願い申し上げます。

　このように、個人番号を書類に記載することが法的な義務であることを周知した上で提供を求め、当該通知をいつ取引先や株主等に提示したか等を記録しておくことが必要になります。

### ③ 個人番号が変更された場合に申告すべきことの周知

　個人番号は、「漏えいして不正に用いられるおそれがあると認められる」場合には新しい番号の生成が行われることになっています。

　したがって、前記第1節 ① [2] ③（29ページ）で述べたとおり、個人番号の提供を依頼する際に、個人番号が変更された場合に通知するよう依頼しておくことが重要です。

　このことを記載したのが、サンプル№7の以下の文言です。

> なお、今後、個人番号が変更された場合には、速やかに○○に知らせるようにしてください。

## ② 取引先、株主等への依頼書
### （運転免許証などの添付を省略する方法）

　本人確認とは、①番号確認と、②身元（実在）確認の両方からなります。典型的には、以下の書類を確認することになります。

| 本人確認書類 | ①番号確認 | ②身元（実在）確認 |
|---|---|---|
| | 個人番号カード ||
| | 通知カードまたは住民票 | 運転免許証やパスポート等 |

しかしながら、②身元（実在）確認には例外が定められており、「個人番号利用事務実施者が適当と認めるもの」の確認でもよいとされています（規則1条1項2号）。

　ここでいう「個人番号利用事務実施者」とは、支払調書については国税庁がこれにあたることになります。

　国税庁告示によれば、以下の書類が「適当と認めるもの」に含まれています。

<国税庁告示1－5>

> 個人番号利用事務等実施者が個人識別事項を印字した上で本人に交付又は送付した書類で、当該個人番号利用事務等実施者に対して当該書類を使用して提出する場合における当該書類

　すなわち、民間企業（個人番号関係事務実施者）が、「個人識別事項」すなわち（ⅰ）氏名、及び（ⅱ）生年月日または住所を「印字」した書類を本人に交付または送付し、それを使用して提出を受ければ、**その書類そのものが、運転免許証やパスポートと同じく身元（実在）確認書類**となります。

　したがって、会社が、取引先や株主に「個人番号の提供書」を送付する際に、氏名と住所（生年月日を知っている場合には、生年月日でもかまいません）を印字しておき、それにより個人番号の提供を受ければ、運転免許証やパスポート等の身元（実在）確認書類を改めて添付する必要がないことになります（従業員等との関係でも同様です）。

　これを利用したのが、**サンプルNo.8** です。

　このサンプルでは、会社が氏名及び住所を印字し、その書類を以て個人番号の提供を受けているため、運転免許証やパスポート等の身元（実在）確認書類の添付は不要となります。

　個人番号カード、通知カードまたは住民票の写しを添付するのみでよ

**サンプルNo.8** 個人番号の提供書（氏名及び住所のプレ印字、番号記入欄あり）

# 個人番号の提供書

株式会社〇〇〇〇　宛

　私の個人番号を提供します。

### 1．下記の氏名・住所をご確認ください

→ 支払先の住所・氏名をプレ印字しておく

| 住　所 | 東京都千代田区〇〇-〇〇 |
|---|---|
| 氏　名 | 甲野　太郎 |

　氏名・住所が、「2．番号を確認するための書類」に記載されている氏名・住所と一致していることを確認しました。

「はい」か「いいえ」のいずれかにチェックマークを入れ、日付を記入してください。

- はい（一致）　□　＿＿年＿月＿日
- いいえ（不一致）　□　＿＿年＿月＿日

### 2．番号を確認するための書類

　以下に個人番号をご記入のうえ、以下の書類のうちいずれか1つのコピーを返信用封筒に同封してください。
- □個人番号カード（表面及び裏面）
- □通知カード
- □住民票の写しまたは住民票記載事項証明書（ただし、個人番号が記載されているものに限ります）

個人番号 ☐☐☐☐☐☐☐☐☐☐☐☐

「いいえ」の場合のみ

### 3．身元を確認するための書類

　「別紙」の書類のうち、いずれかのコピーを返信用封筒に同封してください。ただし、「2．番号を確認するための書類」で個人番号カード（表面及び裏面）を同封していただく場合は、「別紙」の書類のコピーは不要です。

〈個人番号の利用目的〉
　ご提供いただいた個人番号は、［報酬、料金、契約金及び賞金の支払調書作成事務］［不動産取引に関する支払調書作成事務］［配当等に関する支払調書作成事務］のみに利用し、それ以外の利用目的では利用いたしません。

第2節　取引先、株主等の個人番号

(別紙)

## 身元を確認するための書類

　以下の書類のうち、いずれか1つのコピーを返信用封筒に同封してください（上記に従い提出する通知カード、住民票の写しまたは住民票記載事項証明書に記載された氏名、及び生年月日または住所（以下「個人識別事項」といいます）と同じ個人識別事項が記載されているか、確認してください）。

　ただし、番号を確認するための書類として個人番号カード（表面及び裏面）を同封していただく場合は、以下の書類のコピーは不要です。

| | |
|---|---|
| □運転免許証、□運転経歴証明書（ただし、交付年月日が平成24年4月1日以降のものに限ります。）、□パスポート、□身体障害者手帳、□精神障害者保健福祉手帳、□療育手帳、□在留カード、□特別永住者証明書 | |
| □写真付き学生証、□写真付き身分証明書、□写真付き社員証、□写真付き資格証明書（船員手帳、海技免状、猟銃・空気銃所持許可証、宅地建物取引主任者証、電気工事士免状、無線従事者免許証、認定電気工事従事者認定証、特種電気工事資格者認定証、耐空検査員の証、航空従事者技能証明書、運航管理者技能検定合格証明書、動力車操縦者運転免許証、教習資格認定証、検定合格証（警備員に関する検定の合格証）等） | 個人識別事項が記載されているもので、提出時において有効なものに限ります。 |
| □税理士証票 | 提出時において有効なものに限ります。 |
| □戦傷病者手帳 | 提出時において有効なものに限ります。 |

　上記書類の提出が困難な場合は、以下の書類のうち、2つ以上の書類のコピーを返信用封筒に同封してください（上記で提出する通知カード、住民票の写しまたは住民票記載事項証明書に記載された氏名、及び生年月日または住所（「個人識別事項」）と同じ個人識別事項が記載されているか、確認してください）。

　ただし、番号を確認するための書類として個人番号カード（表面及び裏面）を同封していただく場合は、以下の書類のコピーは不要です。

| | |
|---|---|
| □国民健康保険、健康保険、船員保険、後期高齢者医療もしくは介護保険の被保険者証、□健康保険日雇特例被保険者手帳、□国家公務員共済組合もしくは地方公務員共済組合の組合員証、□私立学校教職員共済制度の加入者証、□国民年金手帳、□児童扶養手当証書、□特別児童扶養手当証書 | |
| □学生証（写真なし）、□身分証明書（写真なし）、□社員証（写真なし）、□資格証明書（写真なし）（生活保護受給者証、恩給等の証書等） | 個人識別事項が記載されているもので、提出時において有効なものに限ります。 |
| □国税、地方税、社会保険料、公共料金の領収書、□納税証明書 | 領収日付の押印または発行年月日、及び個人識別事項が記載されているもので、提出時において領収日付または発行年月日が6か月以内のものに限ります。 |
| □印鑑登録証明書、□戸籍の附票の写し（謄本もしくは抄本も可）、□住民票の写し、□住民票記録事項証明書、□母子健康手帳 | 個人識別事項が記載されているもので、提出時において有効なものまたは発行もしくは発給された日から6か月以内のものに限ります。 |
| □源泉徴収票（給与所得の源泉徴収票、退職所得の源泉徴収票、公的年金等の源泉徴収票）、□支払通知書（配当等とみなす金額に関する支払通知書、オープン型証券投資信託収益の分配の支払通知書、上場株式配当等の支払通知書）、□特定口座年間取引報告書 | 個人識別事項が記載されているものに限ります。 |

【筆者注】本サンプルは、今後の番号法ガイドラインQ&A追加・変更等により変更される可能性がある点にご留意下さい。

いことになります。

> **Check!** 通知カード等に記載された個人識別事項と一致していない場合には、身元（実在）確認書類を別途確認する必要があります。そこでサンプルでは、この点を「はい」「いいえ」で確認させています。

## 3 取引先、株主等への依頼書
### （通知カード等の貼付で番号の提供をする）

　なお、個人番号の提供は、書面に個人番号を直接記載してもらうのではなく、番号確認書類そのものの提示をもって行うことも可能です。

　すなわち、個人番号を書面に記入するのではなく、個人番号カード、通知カードまたは住民票の**写しを貼付・添付する**ことで個人番号の提供を受けることも可能です。

　この方法のメリットは2つあります。

　まず、①個人番号を記入させると、誤記が多くなることが予想されます。いずれにせよ番号確認書類の確認が必要になる以上、個人番号を記入させないほうが、社内でシステムに登録する際の**誤入力等が少なくな**ることが予想されます。

　また、②個人番号を記入させると、それで個人番号の提供が終わったと誤解したり、番号確認書類の添付を面倒くさがり、番号確認書類を添付しない取引先や株主が多数発生することが予想されます。むしろ、個人番号を記載させず、通知カード等の写しの送付を求める形の文書にしてしまったほうが、**番号確認書類が集まる可能性が高まる**のではないかと考えられます。

　これを生かした書式が、**サンプルNo. 9** です。

**サンプルNo.9** 個人番号の提供書（氏名及び住所のプレ印字、番号記入欄なし）

## 個人番号の提供書

株式会社〇〇〇〇　宛

　私の個人番号を提供します。

### 1．下記の氏名・住所をご確認ください

| 住　所 | 東京都千代田区〇〇-〇〇 |
|---|---|
| 氏　名 | 甲野　太郎 |

＞ 支払先の住所・氏名をプレ印字しておく

　氏名・住所が、「2．番号を確認するための書類」に記載されている氏名・住所と一致していることを確認しました。

「はい」か「いいえ」のいずれかにチェックマークを入れ、日付を記入してください。

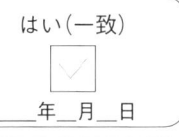

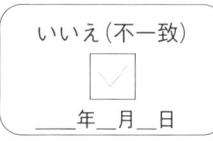

　　はい（一致）　　　　　　　いいえ（不一致）
　　　☑　　　　　　　　　　　☑
　　＿年＿月＿日　　　　　　　＿年＿月＿日

### 2．番号を確認するための書類の貼付欄

＞ 番号を記載させるのではなく、通知カード等のコピーを貼付させることで、書き間違いを防止する

　　以下の書類のうち、いずれか1つのコピーを貼付してください。ただし、住民票の写し・住民票記載事項証明書は、貼付せず、返信用封筒に同封してください。
　　□個人番号カード（表面及び裏面）
　　□通知カード
　　□住民票の写しまたは住民票記載事項証明書（ただし、個人番号が記載されているものに限ります）

「いいえ」の場合のみ

### 3．身元を確認するための書類

　　「別紙」の書類のうち、いずれかのコピーを返信用封筒に同封してください。ただし、「2．番号を確認するための書類」で個人番号カード（表面及び裏面）を同封していただく場合は、「別紙」の書類のコピーは不要です。

〈個人番号の利用目的〉
　ご提供いただいた個人番号は、[報酬、料金、契約金及び賞金の支払調書作成事務] [不動産取引に関する支払調書作成事務] [配当等に関する支払調書作成事務] のみに利用し、それ以外の利用目的では利用いたしません。

(別紙)

## 身元を確認するための書類

　以下の書類のうち、いずれか1つのコピーを返信用封筒に同封してください（上記に従い提出する通知カード、住民票の写しまたは住民票記載事項証明書に記載された氏名、及び生年月日または住所（以下「個人識別事項」といいます）と同じ個人識別事項が記載されているか、確認してください）。

　ただし、番号を確認するための書類として個人番号カード（表面及び裏面）を同封していただく場合は、以下の書類のコピーは不要です。

| | |
|---|---|
| □運転免許証、□運転経歴証明書（ただし、交付年月日が平成24年4月1日以降のものに限ります）、□パスポート、□身体障害者手帳、□精神障害者保健福祉手帳、□療育手帳、□在留カード、□特別永住者証明書 | |
| □写真付き学生証、□写真付き身分証明書、□写真付き社員証、□写真付き資格証明書（船員手帳、海技免状、猟銃・空気銃所持許可証、宅地建物取引主任者証、電気工事士免状、無線従事者免許証、認定電気工事従事者認定証、特種電気工事資格者認定証、耐空検査員の証、航空従事者技能証明書、運航管理者技能検定合格証明書、動力車操縦者運転免許証、教習資格認定証、検定合格証（警備員に関する検定の合格証）等 | 個人識別事項が記載されているもので、提出時において有効なものに限ります。 |
| □税理士証票 | 提出時において有効なものに限ります。 |
| □戦傷病者手帳 | 提出時において有効なものに限ります。 |

　上記書類の提出が困難な場合は、以下の書類のうち、2つ以上の書類のコピーを返信用封筒に同封してください（上記で提出する通知カード、住民票の写しまたは住民票記載事項証明書に記載された氏名、及び生年月日または住所（「個人識別事項」）と同じ個人識別事項が記載されているか、確認してください）。

　ただし、番号を確認するための書類として個人番号カード（表面及び裏面）を同封していただく場合は、以下の書類のコピーは不要です。

| | |
|---|---|
| □国民健康保険、健康保険、船員保険、後期高齢者医療もしくは介護保険の被保険者証、□健康保険日雇特例被保険者手帳、□国家公務員共済組合もしくは地方公務員共済組合の組合員証、□私立学校教職員共済制度の加入者証、□国民年金手帳、□児童扶養手当証書、□特別児童扶養手当証書 | |
| □学生証（写真なし）、□身分証明書（写真なし）、□社員証（写真なし）、□資格証明書（写真なし）（生活保護受給者証、恩給等の証書等） | 個人識別事項が記載されているもので、提出時において有効なものに限ります。 |
| □国税、地方税、社会保険料、公共料金の領収書、□納税証明書 | 領収日付の押印または発行年月日、及び個人識別事項が記載されているもので、提出時において領収日付または発行年月日が6か月以内のものに限ります。 |
| □印鑑登録証明書、□戸籍の附票の写し（謄本もしくは抄本も可）、□住民票の写し、□住民票記録事項証明書、□母子健康手帳 | 個人識別事項が記載されているもので、提出時において有効なものまたは発行もしくは発給された日から6か月以内のものに限ります。 |
| □源泉徴収票（給与所得の源泉徴収票、退職所得の源泉徴収票、公的年金等の源泉徴収票）、□支払通知書（配当とみなす金額に関する支払通知書、オープン型証券投資信託収益の分配の支払通知書、上場株式配当等の支払通知書）、□特定口座年間取引報告書 | 個人識別事項が記載されているものに限ります。 |

【筆者注】本サンプルは、今後の番号法ガイドラインQ&Aの追加・変更等により変更される可能性がある点にご留意下さい。

# 第3章

# 個人番号の管理の場面で使用する書式

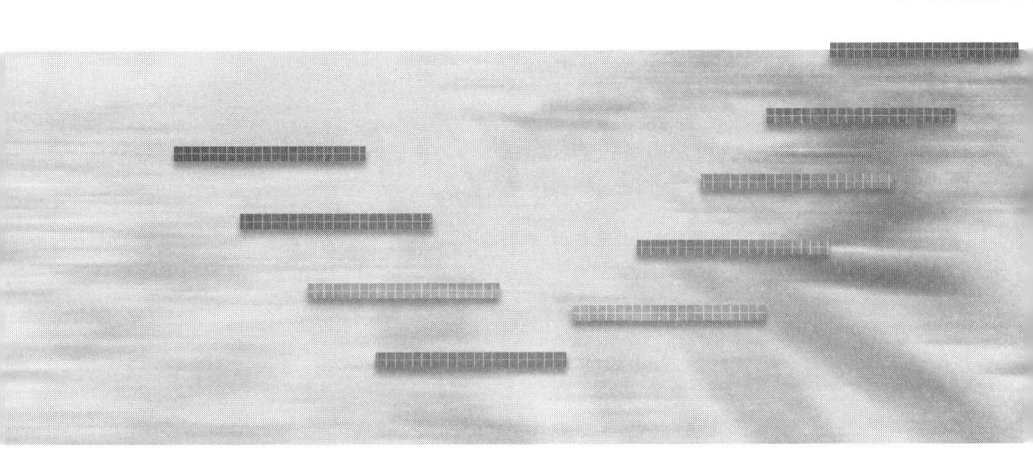

## 第1節 事務の範囲、事務取扱担当者等の明確化

　番号法ガイドラインは、安全管理措置の前提として、以下の3つを明確化することを義務づけています。
　A　個人番号を取り扱う事務の範囲
　B　特定個人情報等（※）の範囲
　　特定個人情報等の範囲を明確にするとは、事務において使用される個人番号及び個人番号と関連づけて管理される個人情報（氏名、生年月日等）の範囲を明確にすることをいうとされています。
※　個人番号及び特定個人情報のことをいいます。以下同様です。
　C　特定個人情報等を取り扱う事務に従事する従業者（以下「事務取扱担当者」といいます）
　「従業者」とは、事業者の組織内にあって直接間接に事業者の指揮監督を受けて事業者の業務に従事している者をいいます。具体的には、従業員のほか、取締役、監査役、理事、監事、派遣社員等を含みます。

　以上の3つの項目の明確化については、後記第3節[2][8]（91ページ）において、「事務取扱担当者等一覧」として解説しています。

## 第2節 基本方針

　番号法ガイドラインは、「特定個人情報等の適正な取扱いの確保について組織として取り組むために、**基本方針を策定することが重要である**（以下、太字は筆者）」（※）としています（番号法ガイドライン（別添）2 A）。

　※　「重要である」とされているに過ぎませんので、義務ではありません。

　番号法ガイドラインでは、基本方針に定める項目の例として、以下があげられています。

- 事業者の名称
- 関係法令・ガイドライン等の遵守
- 安全管理措置に関する事項
- 質問及び苦情処理の窓口　等

　また、個人情報保護法の「個人情報の保護に関する法律についての経済産業分野を対象とするガイドライン」（平成26年12月12日厚生労働省・経済産業省告示第4号）（以下「経済産業分野ガイドライン」といいます）は、「個人情報保護を推進する上での考え方や方針（いわゆる、プライバシーポリシー、プライバシーステートメント等）」として、特定個人情報等に関するものとしては「以下に掲げる点を考慮した事項を盛り込み、本人からの求めに一層対応していくことも重要である」としています。

- 事業の内容及び規模を考慮した適切な個人情報の取扱いに関すること
  - 取得する個人情報の利用目的
  - 〈委託を行う場合には委託に関する事項〉
  - 保有個人データに関すること
  - 開示等の求めに応じる手続に関すること
  - 問い合わせ及び苦情の受付窓口に関すること
- 個人情報の保護に関する法律を遵守すること
- 個人情報の安全管理措置に関すること
- マネジメントシステムの継続的改善に関すること

以上から、「個人番号及び特定個人情報の適正な取扱いに関する基本方針」の**サンプルNo.10**では、番号法ガイドライン及び経済産業分野ガイドラインに従って、**図表3-1**のとおりの規定を設けています。

図表3-1　基本方針サンプルにおける規定

| サンプルの条項 | 番号法ガイドライン | 経済産業分野ガイドライン |
| --- | --- | --- |
| 1．事業者の名称 | ○ | ○ |
| 2．関係法令・ガイドライン等の遵守 | ○ | ○ |
| 3．利用目的 | — | ○ |
| 4．安全管理措置に関する事項 | ○ | ○ |
| 5．委託に関する事項 | — | ○ |
| 6．継続的改善 | — | ○ |
| 7．特定個人情報等の開示 | — | ○ |
| 8．質問及び苦情処理の窓口 | ○ | ○ |

なお、この特定個人情報の取扱いに関する基本方針は、現在あるプライバシーポリシーやプライバシーステートメント等に追記しても、新しく作成してもいずれでもかまいません。

**サンプルNo.10** 個人番号及び特定個人情報の適正な取扱いに関する基本方針

個人番号及び特定個人情報の適正な取扱いに関する基本方針

１．事業者の名称
　　株式会社○○○○

２．関係法令・ガイドライン等の遵守
　　当社は、個人番号及び特定個人情報（以下「特定個人情報等」といいます。）の取扱いに関し、「行政手続における特定の個人を識別するための番号の利用等に関する法律（マイナンバー法）」及び「特定個人情報の適正な取扱いに関するガイドライン（事業者編）」、並びに「個人情報の保護に関する法律（個人情報保護法）」及び各省庁のガイドラインを遵守します。

３．利用目的
　　当社は、提供を受けた特定個人情報等を、以下の目的で利用します。
(1) 取引先様の特定個人情報等
　・不動産取引に関する支払調書作成事務
　・報酬、料金、契約金及び賞金に関する支払調書作成事務
(2) 株主様の特定個人情報等
　・配当及び剰余金の分配に関する支払調書作成事務
(3) 当社の従業員等の特定個人情報等
【税】
　・源泉徴収票作成事務
　・財産形成住宅貯蓄・財産形成年金貯蓄に関する申告書、届出書及び申込書提出事務
　・従業員持株会の会員である者について、従業員持株会による支払調書作成事務のための当該持株会への提供
【社会保険】
　・健康保険・厚生年金保険届出、申請・請求事務

・雇用保険届出、申請・請求事務
　⑷　当社従業員等の配偶者及び親族等の特定個人情報等
　【税】
　　　・源泉徴収票作成事務
　【社会保険】
　　　・健康保険・厚生年金保険届出事務

4．安全管理措置に関する事項
　　当社は、特定個人情報等の漏えい、滅失又は毀損の防止その他の個人番号の適切な管理のために、別途「個人番号及び特定個人情報取扱規程」を定め、これを遵守します。

5．委託に関する事項
　　当社は、特定個人情報等の取扱いを第三者に委託することがあります。この場合、当社はマイナンバー法及び個人情報保護法並びに関連するガイドラインに従って、委託先に対する必要かつ適切な監督を行います。

6．継続的改善
　　当社は、特定個人情報等の取扱いを継続的に改善するよう努めます。

7．特定個人情報等の開示
　　当社は、本人又はその代理人から、当該特定個人情報等に係る保有個人データの開示の求めがあったときは、次の各号の場合を除き、遅滞なく回答します。
　　　・本人又は第三者の生命、身体、財産その他の権利利益を害するおそれがある場合
　　　・当社の業務の適正な実施に著しい支障を及ぼすおそれがある場合
　　　・法令に違反することとなる場合

　　特定個人情報等の開示に関するお問合せは下記までお願いいたします。
　　株式会社〇〇〇〇

［窓口］　電話番号・電子メールアドレス・問い合わせ用ウェブページ
　　　　　　　のアドレス等

8．質問及び苦情処理の窓口

　　当社の特定個人情報等の取扱いに関する質問又は苦情につきましては、以下にお問い合わせください。

　　株式会社〇〇〇〇
　　［窓口］　電話番号・電子メールアドレス・問い合わせ用ウェブページ
　　　　　　　のアドレス等

　　　　　　　　　　　　　　　　　　　　　　　　　年　　　月　　　日
　　　　　　　　　　　　　　　　　　　　株式会社〇〇〇〇
　　　　　　　　　　　　　　　　　　　　代表取締役社長　〇〇〇〇

【筆者注】本サンプルは、今後のガイドラインQ&Aの追加・変更等により変更される可能性がある点にご留意下さい。

# 第3節 取扱規程

## 1 番号法ガイドラインの定め

　番号法ガイドラインにおいては、企業・団体は、「A　個人番号を取り扱う事務の範囲の明確化」、「B　特定個人情報等の範囲の明確化」及び「C　事務取扱担当者の明確化」を行った上で、「A～Cで明確化した事務において事務の流れを整理し、特定個人情報等の具体的な取扱いを定める**取扱規程等を策定しなければならない**」とされています（番号法ガイドライン（別添）2 B）。

　ただし、**中小規模事業者**においては、取扱規程等の策定は義務とはされておらず、**以下の対応のみ**が求められています。

---
【中小規模事業者（従業員100人以下等）の場合】
① 特定個人情報等の取扱い等を明確化する
② 事務取扱担当者が変更となった場合、確実な引継ぎを行い、責任ある立場の者が確認する

---

**Check!**　「中小規模事業者」とは、事業者のうち従業員の数が100人以下の事業者であって、以下の①～④を除く事業者をいいます。

| ① | 個人番号利用事務実施者 | 例：健康保険組合 |
|---|---|---|
| ② | 委託に基づいて個人番号関係事務または個人番号利用事務を業務として行う | 例：税理士事務所、社会保険労務士事務所、ITベンダ |

| | | |
|---|---|---|
| | 事業者 | |
| ③ | 金融分野（金融庁作成の「金融分野における個人情報保護に関するガイドライン」1条1項に定義される金融分野）の事業者 | 例：保険代理店、金融ファンド |
| ④ | 個人情報取扱事業者 | 例：取り扱う個人情報の数が5,000件を超える事業者 |

　以下においては、中小規模事業者ではない民間企業において、どのような取扱規程を策定するのかを説明します（中小規模事業者が任意に取扱規程を策定する場合のサンプルは、巻末（179ページ）に掲示しました）。

　なお、ガイドラインでは取扱規程等とされていますから、その形式は「取扱規程」である必要はなく、「業務マニュアル」等でもかまいません。また、すでに個人情報に関する取扱規程等がある場合には、その規程に特定個人情報の取扱いを追記する方法でもかまいません（番号法ガイドラインQ&A「Q13-1」）。

　番号法ガイドラインは、取扱規程等の内容として、以下を例示しています（別添2 B）。

> 　取扱規程等は、次に掲げる管理段階ごとに、取扱方法、責任者・事務取扱担当者及びその任務等について定めることが考えられる。具体的に定める事項については、C～Fに記述する安全管理措置を織り込むことが重要である。
> 　①　取得する段階
> 　②　利用を行う段階
> 　③　保存する段階
> 　④　提供を行う段階
> 　⑤　削除・廃棄を行う段階

すなわち、取扱規程等は、特定個人情報の取扱いについて、取得から削除・廃棄までの上記①～⑤のプロセス**それぞれ**において、**取扱方法、責任者・事務取扱担当者及びその任務等を定める**ことが推奨されています。

　そして、①～⑤のプロセスにおける取扱方法等の内容として、組織的安全管理措置（C）、人的安全管理措置（D）、物理的安全管理措置（E）、技術的安全管理措置（F）を織り込むことが重要であるということになります。

## 2 「特定個人情報取扱規程」のサンプル

### [1] 取扱規程の全体構成

　前ページで述べた番号法ガイドラインの例示に基づいて、本書の取扱規程サンプルは、以下の目次のとおり、第2章から第6章において上記①～⑤のプロセスを規定し、それぞれの中で取扱方法等を定める形式をとっています。

---

目　次

第1章　総則（第1条―第3条）
第2章　特定個人情報等の取得（第4条―第9条）
第3章　特定個人情報等の利用（第10条―第12条）
第4章　特定個人情報等の保存（第13条―第15条）
第5章　特定個人情報等の提供（第16条―第17条）
第6章　特定個人情報等の削除・廃棄（第18条―第20条）
第7章　組織及び体制（第21条―第24条）
第8章　安全管理措置（第25条―第36条）

> 第9章　特定個人情報等の開示、訂正等、利用停止等（第37条―第39条）
> 第10章　雑則（第40条）
> 附則

　なお、番号法ガイドラインが「織り込むことが重要である」としている安全管理措置については、第8章にまとめて規定し、第2章から第6章においてそれを参照する形式としています。
　例えば、第2章「特定個人情報等の取得」においては、第9条で以下のとおり規定して、第8章の第26条・第27条・第28条・第31条・第36条を参照しています。

> （安全管理措置）
> 第9条　当社は、特定個人情報等の取得に際し、第26条（委託先の監督）、第27条（特定個人情報等の取扱状況の記録）、第28条（本規程に基づく運用状況の記録）、第31条（従業者の監督・教育）、及び第36条（技術的安全管理措置）に定める安全管理措置を講じるものとする。

　これは、企業・団体において講じる**安全管理措置は、取得から削除・廃棄まで共通のものとして定めるほうが簡便である**と考えられるからです。
　したがって、サンプルのように第8章にまとめて規定するのではなく、第2章から第6章のそれぞれにおいて安全管理措置を定めても、まったく問題ありません。

## ［2］「第1章　総則」の内容

　総則では、本規程に共通する原則について規定しています。

　まず、第1条は、以下のとおり、本規程の全体的な目的を定めた条文

になっています。

> （目的）
> 第1条　本規程は、個人番号及び特定個人情報（以下「特定個人情報等」という。）の適正な取扱いの確保に関し必要な事項を定めることにより、当社の事業の適正かつ円滑な運営を図りつつ、個人の権利利益を保護することを目的とする。

第2条は、本規程で用いている用語を最初に定義する条文です。

> （定義）
> 第2条　本規程における用語の定義は、次の各号に定めるところによる。
> (1)　個人情報
>    生存する個人に関する情報であって、当該情報に含まれる氏名、生年月日その他の記述又は個人別に付された番号、記号その他の符号により特定の個人を識別できるもの（他の情報と容易に照合することができ、それにより特定の個人を識別できることとなるものを含む。）をいう。
> (2)　個人番号
>    行政手続における特定の個人を識別するための番号の利用等に関する法律（以下「番号法」という。）第2条第5項が定める住民票コードを変換して得られる番号であって、当該住民票コードが記載された住民票に係る者を識別するために指定されるものをいう。
> (3)　特定個人情報
>    個人番号（個人番号に対応し、当該個人番号に代わって用いられる番号、記号その他の符号であって、住民票コード以外のものを含む。）をその内容に含む個人情報をいう。
> (4)　個人情報ファイル
>    個人情報を含む情報の集合物であって、特定の個人情報について電子計算機を用いて検索することができるように体系的に構成したもののほ

> か、特定の個人情報を容易に検索することができるように体系的に構成したものとして「個人情報の保護に関する法律施行令」で定めるものをいう。
> (5) 特定個人情報ファイル
> 　　個人番号をその内容に含む個人情報ファイルをいう。
> (6) 個人番号関係事務
> 　　番号法第9条第3項の規定により個人番号利用事務（行政機関、地方公共団体、独立行政法人等その他の行政事務を処理する者が同条第1項又は第2項の規定によりその保有する特定個人情報ファイルにおいて個人情報を効率的に検索し、及び管理するために必要な限度で個人番号を利用して処理する事務）に関して行われる他人の個人番号を必要な限度で利用して行う事務をいう。
> (7) 本人
> 　　個人番号によって識別され、又は識別され得る特定の個人をいう。
> (8) 従業者
> 　　当社の組織内にあって直接間接に当社の指揮監督を受けて当社の業務に従事している者をいう。具体的には、従業員のほか、取締役、監査役、理事、監事、派遣社員等を含む。

　本サンプルをアレンジして実際の規程を策定する際には、定義が必要になる用語があれば第2条に追加していくことになります。

　第3条は、法律及びガイドライン等の遵守等に努めることを宣言する条文です。

> （当社の責務）
> 第3条　当社は、番号法その他の個人情報保護に関する法令及びガイドライン等を遵守するとともに、実施するあらゆる事業を通じて特定個人情報等の保護に努めるものとする。

ここで、個人番号及び特定個人情報の取扱いについては、**マイナンバー法のみならず個人情報保護法も遵守する必要がある**ことに注意が必要です。個人番号のみでも個人情報に当たると解されていますし、特定個人情報は個人番号をその内容に含む個人情報のことをいいますので、個人番号も特定個人情報も、個人情報保護法にいう個人情報に該当するためです。

[3]「第2章　特定個人情報等の取得」の内容

　第2章は、番号法ガイドラインが定める5つのプロセスのうち、①特定個人情報等の**取得**を定めるものです。

　第4条は、利用目的の特定と変更を定めています。

> (利用目的の特定、変更)
> **第4条**　当社は、特定個人情報等を取り扱うに当たっては、その利用の目的(以下「利用目的」という。)をできる限り特定するものとする。
> 2　当社は、利用目的を変更する場合には、変更前の利用目的と[相当の]関連性を有すると合理的に認められる範囲で行うものとする。
> 3　当社は、利用目的を変更した場合は、変更した利用目的について、本人に通知し、又は公表するものとする。

　前述したとおり、特定個人情報の取扱いには個人情報保護法の適用もあります。したがって、個人情報保護法15条1項に従って、利用目的をできる限り特定する必要があります(第1項)。

〈個人情報保護法〉
> (利用目的の特定)
> 第15条　個人情報取扱事業者は、個人情報を取り扱うに当たっては、その

利用の目的（以下「利用目的」という。）をできる限り特定しなければならない。
2　個人情報取扱事業者は、利用目的を変更する場合には、変更前の利用目的と相当の関連性を有すると合理的に認められる範囲を超えて行ってはならない。

〈改正個人情報保護法〉
2　個人情報取扱事業者は、利用目的を変更する場合には、変更前の利用目的と関連性を有すると合理的に認められる範囲を超えて行ってはならない。

　また、個人情報保護法15条2項によって、利用目的の変更をする際には、変更前の利用目的と「相当の関連性」を有しなければなりませんので、注意が必要です。
　なお、個人情報保護法の改正により、「相当の」との文言がなくなることになっています（改正法案は平成27年5月21日に衆議院で可決されました）。これにより、利用目的を変更できる範囲が広がることになります。

　第5条は、利用目的の通知または公表について定めています。これは個人情報保護法18条で定められた義務を規定したものです。

（取得に際しての利用目的の通知等）
第5条　当社は、特定個人情報等を取得した場合は、あらかじめその利用目的を通知又は公表している場合を除き、速やかに、その利用目的を本人に通知し、又は公表するものとする。
2　当社は、前項の規定にかかわらず、本人との間で契約を締結することに伴って契約書その他の書面（電子的方式等で作られる記録を含む。）に記載された当該本人の特定個人情報等を取得する場合その他本人から直接書面に記載された当該本人の特定個人情報等を取得する場合は、あ

> らかじめ、本人に対し、その利用目的を明示するものとする。ただし、人の生命、身体又は財産の保護のために緊急に必要がある場合は、この限りでない。
> 3　前2項の規定は、次に掲げる場合については、適用しない。
> 　(1)　利用目的を本人に通知し、又は公表することにより本人又は第三者の生命、身体、財産その他の権利利益を害するおそれがある場合
> 　(2)　利用目的を本人に通知し、又は公表することにより当社の権利又は正当な利益を害するおそれがある場合
> 　(3)　国の機関又は地方公共団体が法令の定める事務を遂行することに対して協力する必要がある場合であって、利用目的を本人に通知し、又は公表することにより当該事務の遂行に支障を及ぼすおそれがあるとき
> 　(4)　取得の状況からみて利用目的が明らかであると認められる場合

　利用目的は、「本人に通知し、又は公表する」とされていますので、通知するか公表すればよいことになります。同意は不要ですし、公表のみでも足ります。したがって、**社内LANで公表したり、オフィスに掲示する**ことでも足ります。

〈個人情報保護法〉

> （取得に際しての利用目的の通知等）
> 第18条　個人情報取扱事業者は、個人情報を取得した場合は、あらかじめその利用目的を公表している場合を除き、速やかに、その利用目的を、本人に通知し、又は公表しなければならない。
> 2　個人情報取扱事業者は、前項の規定にかかわらず、本人との間で契約を締結することに伴って契約書その他の書面（電子的方式、磁気的方式その他人の知覚によっては認識することができない方式で作られる記録を含む。以下この項において同じ。）に記載された当該本人の個人情報を取得する場合その他本人から直接書面に記載された当該本人の個人情報を取得する場合は、あらかじめ、本人に対し、その利用目的を明示し

> なければならない。ただし、人の生命、身体又は財産の保護のために緊急に必要がある場合は、この限りでない。
> 3　個人情報取扱事業者は、利用目的を変更した場合は、変更された利用目的について、本人に通知し、又は公表しなければならない。
> 4　前3項の規定は、次に掲げる場合については、適用しない。
> 　一　利用目的を本人に通知し、又は公表することにより本人又は第三者の生命、身体、財産その他の権利利益を害するおそれがある場合
> 　二　利用目的を本人に通知し、又は公表することにより当該個人情報取扱事業者の権利又は正当な利益を害するおそれがある場合
> 　三　国の機関又は地方公共団体が法令の定める事務を遂行することに対して協力する必要がある場合であって、利用目的を本人に通知し、又は公表することにより当該事務の遂行に支障を及ぼすおそれがあるとき。
> 　四　取得の状況からみて利用目的が明らかであると認められる場合

　また、書類等によって直接本人から個人番号の提供を受ける際には、**利用目的の明示が必要**となります。個人番号の取得の際には、通常は「明示」が必要になると考えられますので、注意が必要です。

　第6条は取得の制限を規定しています。

> （取得の制限）
> 第6条　当社は、特定個人情報等を取得するときは、適法かつ適正な方法で行うものとする。
> 2　当社は、番号法第19条各号のいずれかに該当する場合を除き、他人の特定個人情報等を収集しないものとする。

　このうち、第1項は、個人情報保護法17条に従って適正取得を定めています。

〈個人情報保護法〉

(適正な取得)
第17条　個人情報取扱事業者は、偽りその他不正の手段により個人情報を取得してはならない。

　第2項は、特定個人情報の収集の規制を確認したものです。

　マイナンバー法20条は、同19条に定める場合以外は特定個人情報を収集してはならないとしています。同19条では、個人番号関係事務を処理するために個人番号関係事務実施者が個人番号を提供する場合（2号）や、本人が個人番号関係事務実施者（個人番号利用事務等実施者）に提供する場合（3号）等にのみ、特定個人情報を提供してよいとしています。

　ここでいう個人番号関係事務とは、法令または条例の規定により他人の個人番号を記載した書面を行政機関等に提出するなどの事務をいいますので、要するに、原則として、法令または条例の規定により個人番号を記載した書面を行政機関等に提出する場面以外では、**特定個人情報を収集してはならない**ということになります。

　取扱規程サンプル第6条第2項はこれを定めたものです。

〈マイナンバー法〉

(特定個人情報の提供の制限)
第19条　何人も、次の各号のいずれかに該当する場合を除き、特定個人情報の提供をしてはならない。

　　　　　　　　　　　　　(略)
　二　個人番号関係事務実施者が個人番号関係事務を処理するために必要な限度で特定個人情報を提供するとき（第10号に規定する場合を除く。）。
　三　本人又はその代理人が個人番号利用事務等実施者に対し、当該本人の個人番号を含む特定個人情報を提供するとき。

(略)
(収集等の制限)
第20条　何人も、前条各号のいずれかに該当する場合を除き、特定個人情報（他人の個人番号を含むものに限る。）を収集し、又は保管してはならない。

　第7条は、マイナンバー法14条・15条に定める個人番号の提供を求めることに対する規制を確認したものです。

(個人番号の提供の求めの制限)
第7条　当社は、番号法第19条各号に該当して特定個人情報の提供を受けることができる場合を除くほか、他人に対し、個人番号の提供を求めないものとする。

　マイナンバー法19条に定める行政機関等に書面を提出するなどの場面以外では、個人番号の**提供を求めることも違法**とされていますから、注意が必要です。

〈マイナンバー法〉

(提供の要求)
第14条　個人番号利用事務等実施者は、個人番号利用事務等を処理するために必要があるときは、本人又は他の個人番号利用事務等実施者に対し個人番号の提供を求めることができる。
(略)
(提供の求めの制限)
第15条　何人も、第19条各号のいずれかに該当して特定個人情報の提供を受けることができる場合を除き、他人（自己と同一の世帯に属する者以外の者をいう。第20条において同じ。）に対し、個人番号の提供を求めてはならない。

第8条は、個人番号の提供を受ける際の本人確認の義務を定めています。

> （本人確認）
> 第8条　当社は、本人又はその代理人から個人番号の提供を受けるときは、番号法第16条の規定に従い、本人確認を行うものとする。

民間企業のマイナンバー法対応においては、**本人確認の実務をどのように構築するか**が大きな課題となりますが、取扱規程においてもこの義務を確認しています。

第9条は、前記［1］（71ページ）で述べたとおり、第8章でまとめて規定した安全管理措置を参照して、「第2章　特定個人情報等の取得」のプロセスにおいて講じる安全管理措置を定めたものです。

> （安全管理措置）
> 第9条　当社は、特定個人情報等の取得に際し、第26条（委託先の監督）、第27条（特定個人情報等の取扱状況の記録）、第28条（本規程に基づく運用状況の記録）、第31条（従業者の監督・教育）、及び第36条（技術的安全管理措置）に定める安全管理措置を講じるものとする。

## ［4］「第3章　特定個人情報等の利用」の内容

第3章は、番号法ガイドラインが定める5つのプロセスのうち、②特定個人情報等の**利用**を定めるものです。

第10条は、第4条で特定した利用目的外で利用目的を取り扱わないことを定めたものです。

(利用目的外の利用の制限)
第10条　当社は、第4条の規定により特定された利用目的の達成に必要な範囲を超えて特定個人情報等を取り扱わないものとする。
2　当社は、合併その他の事由により他の法人等から事業を継承することに伴って特定個人情報等を取得した場合は、継承前における当該特定個人情報等の利用目的の達成に必要な範囲を超えて、当該特定個人情報等を取り扱わないものとする。
3　前2項の規定にかかわらず、人の生命、身体又は財産の保護のために必要がある場合であって、本人の同意があり、又は本人の同意を得ることが困難であるときには、第4条の規定により特定された利用目的の範囲を超えて特定個人情報等を取り扱うことができるものとする。

> 3　前2項の規定にかかわらず、次の各号のいずれかに該当する場合には、第4条の規定により特定された利用目的の範囲を超えて特定個人情報等を取り扱うことができるものとする。
> (1)　[番号法第9条第4項の規定に基づく場合]
> (2)　人の生命、身体又は財産の保護のために必要がある場合であって、本人の同意があり、又は本人の同意を得ることが困難であるとき

　なお、破線囲みの中で「(1)　番号法第9条第4項の規定に基づく場合」としているのは、金融機関が激甚災害で個人番号を利用することを可能にするためです。したがって、金融機関以外の企業・団体にとっては不要な規定です。

　第11条は、特定個人情報ファイルの作成の制限を定めています。

(特定個人情報ファイルの作成の制限)
第11条　当社は、番号法第19条第11号から第14号までのいずれかに該当して特定個人情報を提供し、又はその提供を受けることができる場合を除

> き、個人番号関係事務を処理するために必要な範囲を超えて特定個人情報ファイルを作成しないものとする。

　**特定個人情報ファイル**とは、特定個人情報を検索できる形で保存したもののことをいい、データベースや表計算ソフトの表形式で保存したものや、紙媒体であっても五十音順に並べるなどして検索できる形にしたものがこれに該当します（個人情報保護法にいう個人情報データベース等に当たるものです）。

　特定個人情報ファイルについては、マイナンバー法28条が、「個人番号利用事務等を処理するために必要な範囲を超えて」作成してはならないと規定しています。つまり、行政機関等に書類を提出するために必要な範囲を超えてデータベース等を作成すると**違法**になりますので、注意が必要です。

〈マイナンバー法〉

(特定個人情報ファイルの作成の制限)
第28条　個人番号利用事務等実施者その他個人番号利用事務等に従事する者は、第19条第11号から第14号までのいずれかに該当して特定個人情報を提供し、又はその提供を受けることができる場合を除き、個人番号利用事務等を処理するために必要な範囲を超えて特定個人情報ファイルを作成してはならない。

　なお、ここでいう「第19条第11号から第14号」というのは、(特定)個人情報保護委員会に提出する場合、国会や裁判所等に提出する場合、人の生命、身体または財産の保護のために必要がある場合において、本人の同意があり、または本人の同意を得ることが困難であるとき、その他これらに準ずるものとして特定個人情報保護委員会規則で定めるときのことを指しています。

第12条は、第９条と同様に、第８章でまとめて規定した安全管理措置を参照して、「第３章　特定個人情報等の利用」のプロセスにおいて講じる安全管理措置を定めたものです。

> （安全管理措置）
> 第12条　当社は、特定個人情報等の利用に関し、第26条（委託先の監督）、第27条（特定個人情報等の取扱状況の記録）、第28条（本規程に基づく運用状況の記録）、第31条（従業者の監督・教育）、第32条（特定個人情報等を取り扱う区域の管理）、第33条（機器及び電子媒体等の盗難等の防止）、第34条（電子媒体等を持ち出す場合の漏えい等の防止）、及び第36条（技術的安全管理措置）に定める安全管理措置を講じるものとする。

## ［５］「第４章　特定個人情報等の保存」の内容

　第４章は、番号法ガイドラインが定める５つのプロセスのうち、③特定個人情報等の**保存**を定めるものです。

　第13条は、特定個人情報の保管制限を確認したものです。

> （特定個人情報等の保管）
> 第13条　当社は、番号法第19条各号に該当する場合を除くほか、特定個人情報等を保管しないものとする。

　マイナンバー法20条は、同19条に定める場合以外は特定個人情報を保管してはならないとしています。前記［３］（75ページ）で述べたとおり、法令または条例の規定により他人の個人番号を記載した書面を行政機関等に提出する場合以外では、特定個人情報を**保管してはならない**ということになります。取扱規程サンプル第13条はこれを定めたものです。

〈マイナンバー法〉

(特定個人情報の提供の制限)
第19条　何人も、次の各号のいずれかに該当する場合を除き、特定個人情報の提供をしてはならない。
(略)
二　個人番号関係事務実施者が個人番号関係事務を処理するために必要な限度で特定個人情報を提供するとき（第10号に規定する場合を除く。）。
三　本人又はその代理人が個人番号利用事務等実施者に対し、当該本人の個人番号を含む特定個人情報を提供するとき。
(略)
(収集等の制限)
第20条　何人も、前条各号のいずれかに該当する場合を除き、特定個人情報（他人の個人番号を含むものに限る。）を収集し、又は保管してはならない。

　個人番号及び特定個人情報については、個人情報保護法19条により、内容の正確性についての努力義務があります。取扱規程サンプル第14条はこれを規定しています。

(データ内容の正確性の確保)
第14条　当社は、第4条の規定により特定された利用目的の達成に必要な範囲内において、特定個人情報等を正確かつ最新の内容に保つよう努めるものとする。

　なお、行政機関等に提出した書面に記載した個人番号が**誤っていた場合に罰則等はなく**、番号の正確性についての「努力義務」があるに過ぎません。

〈個人情報保護法〉

(データ内容の正確性の確保)
第19条　個人情報取扱事業者は、利用目的の達成に必要な範囲内において、個人データを正確かつ最新の内容に保つよう努めなければならない。

　第15条は、第９条・第12条と同様に、第８章でまとめて規定した安全管理措置を参照して、「第４章　特定個人情報等の保存」のプロセスにおいて講じる安全管理措置を定めたものです。

(安全管理措置)
第15条　当社は、特定個人情報等の保存に関し、第26条（委託先の監督）、第27条（特定個人情報等の取扱状況の記録）、第28条（本規程に基づく運用状況の記録）、第31条（従業者の監督・教育）、第32条（特定個人情報等を取り扱う区域の管理）、第33条（機器及び電子媒体等の盗難等の防止）、第34条（電子媒体等を持ち出す場合の漏えい等の防止）、及び第36条（技術的安全管理措置）に定める安全管理措置を講じるものとする。

## ［６］「第５章　特定個人情報等の提供」の内容

　第５章は、番号法ガイドラインが定める５つのプロセスのうち、④特定個人情報等の**提供**を定めるものです。

　特定個人情報は、マイナンバー法19条に該当する場合を除き、**提供することはできません**。同条によれば、一般的な企業・団体では、行政機関等に個人番号を記載した書類を提出する事務を処理するために必要な場合（２号）、特定個人情報の取扱いを委託した場合及び合併等の事業の承継の場合（５号）等以外には、提供できません。
　取扱規程サンプル第16条はこれを規定したものです。

(特定個人情報等の提供)
第16条　当社は、番号法第19条各号に該当する場合を除くほか、特定個人情報等を提供しないものとする。

〈マイナンバー法〉

(特定個人情報の提供の制限)
第19条　何人も、次の各号のいずれかに該当する場合を除き、特定個人情報の提供をしてはならない。
　　　　　　　　　　　(略)
二　個人番号関係事務実施者が個人番号関係事務を処理するために必要な限度で特定個人情報を提供するとき(第10号に規定する場合を除く。)。
三　本人又はその代理人が個人番号利用事務等実施者に対し、当該本人の個人番号を含む特定個人情報を提供するとき。
　　　　　　　　　　　(略)
五　特定個人情報の取扱いの全部若しくは一部の委託又は合併その他の事由による事業の承継に伴い特定個人情報を提供するとき。
　　　　　　　　　　　(略)
十　社債、株式等の振替に関する法律(平成13年法律第75号)第2条第5項に規定する振替機関等(以下この号において単に「振替機関等」という。)が同条第1項に規定する社債等(以下この号において単に「社債等」という。)の発行者(これに準ずる者として政令で定めるものを含む。)又は他の振替機関等に対し、これらの者の使用に係る電子計算機を相互に電気通信回線で接続した電子情報処理組織であって、社債等の振替を行うための口座が記録されるものを利用して、同法又は同法に基づく命令の規定により、社債等の振替を行うための口座の開設を受ける者が第9条第3項に規定する書面(所得税法第225条第1項(第1号、第2号、第8号又は第10号から第12号までに係る部分に限る。)の規定により税務署長に提出されるものに限る。)に記載されるべき個人番号として当該口座を開設する振替機関等に告知し

> た個人番号を含む特定個人情報を提供する場合において、当該特定個人情報の安全を確保するために必要な措置として政令で定める措置を講じているとき。
>
> (略)

　第17条は、第９条・第12条・第15条と同様に、第８章でまとめて規定した安全管理措置を参照して、「第５章　特定個人情報等の提供」のプロセスにおいて講じる安全管理措置を定めたものです。

> (安全管理措置)
> **第17条**　当社は、特定個人情報等の提供に関し、第26条（委託先の監督）、第27条（特定個人情報等の取扱状況の記録）、第28条（本規程に基づく運用状況の記録）、第31条（従業者の監督・教育）、第32条（特定個人情報等を取り扱う区域の管理）、第33条（機器及び電子媒体等の盗難等の防止）、第34条（電子媒体等を持ち出す場合の漏えい等の防止）、及び第36条（技術的安全管理措置）に定める安全管理措置を講じるものとする。

## ［７］「第６章　特定個人情報等の削除・廃棄」の内容

　第６章は、番号法ガイドラインが定める５つのプロセスのうち、最後の⑤特定個人情報等の**削除・廃棄**を定めるものです。

　第18条は、特定個人情報の削除・廃棄を定めています。

> (特定個人情報等の削除・廃棄)
> **第18条**　当社は、個人番号関係事務を処理する必要がなくなった場合で、かつ、所管法令において定められている保存期間を経過した場合には、個人番号をできるだけ速やかに廃棄又は削除するものとする。ただし、その個人番号部分を復元できない程度にマスキング又は削除した場合に

> は、保管を継続することができるものとする。

　特定個人情報を保管できるのは、原則として、行政機関等に個人番号を記載した書面を提出する事務を行うために必要な場合のみです（前記［5］（84ページ））。したがって、原則として、そのような事務を行う必要がなくなった時点で必ず**廃棄しなければなりません**。このように削除・廃棄が義務となっている点が、個人情報と個人番号の非常に大きな違いとなっています。

　ただし、書類については所管法令において保存期間が定められているケースがあります（例えば、扶養控除等（異動）申告書は7年間）。その保存期間中は書類を廃棄することはできませんので、**削除・廃棄する義務が課されるのは、行政機関等に書類を提出する事務を行う必要がなくなり、かつ、書類の法定保存期間が経過した時点**ということになります。ITシステム内のデータについても、書類の保存期間中は保存したままでかまわないとされています（番号法ガイドラインQ&A「Q6-4」）。

　なお、書類の中で、個人番号が記載された部分を復元できない程度にマスキングまたは削除すれば、書類そのものは保管できますので、ただし書きでその点を規定しています。

　第19条は、従業者が誤って個人番号の提供を受けた場合の取扱いについて定めを置いています。

> （特定個人情報等を誤って収集した場合の措置）
> 第19条　従業者は、誤って特定個人情報等の提供を受けた場合、自ら当該特定個人情報を削除又は廃棄してはならず、速やかに所属長、第21条に定める事務取扱責任者、又は第22条に定める特定個人情報等管理責任者に報告しなければならない。
> 2　当社は、前項の報告を受けた際、第35条に従って、当該特定個人情

等をできるだけ速やかに削除又は廃棄した上で、その記録を保存するものとする。

　従業者が誤って個人番号の提供を受けた場合（例えば、世帯主の確認のために住民票の写しの提出を受けた際に、個人番号が記載されていた場合)は、個人番号部分をマスキングするなどして、個人番号をできるだけ速やかに削除・廃棄する必要があります。
　他方で、個人番号を削除・廃棄する際には、記録を保存する必要があります。
　したがって、第19条第1項により、従業者が誤って特定個人情報等の提供を受けた場合には、自ら削除または廃棄することなく、いったん事務取扱責任者等に報告し、第2項により記録を保存した上で削除するようルール化しています。

　第20条は、第9条・第12条・第15条・第17条と同様に、第8章でまとめて規定した安全管理措置を参照して、「第6章　特定個人情報等の削除・廃棄」のプロセスにおいて講じる安全管理措置を定めたものです。

（安全管理措置）
第20条　当社は、特定個人情報等の削除・廃棄に関し、第26条（委託先の監督）、第27条（特定個人情報等の取扱状況の記録）、第28条（本規程に基づく運用状況の記録）、第31条（従業者の監督・教育）、第32条（特定個人情報等を取り扱う区域の管理）、第34条（電子媒体等を持ち出す場合の漏えい等の防止）、第35条（個人番号の削除、機器及び電子媒体等の廃棄）、及び第36条（技術的安全管理措置）に定める安全管理措置を講じるものとする。

## [8]「第7章　組織及び体制」の内容

　ここまでの第2章から第6章において、①取得する段階、②利用を行う段階、③保存する段階、④提供を行う段階、⑤削除・廃棄を行う段階のそれぞれについて、取扱方法・安全管理措置を規定してきました。

　ここで、番号法ガイドラインは、上記①〜⑤の管理段階ごとに事務取扱担当者を定めることを例示していますが、本サンプルでは規程内で具体的には定めていません。これは、**事務取扱担当者は、業務や組織の変更等によりしばしば変更される**ことが予想されることから、そのたびに取扱規程を改訂することは実務的ではないと考えたためです。

　そのかわり、以下のとおり「別途定める」ものと規定し、事務取扱担当者を定めることそのものは行うとしています。

---
（事務取扱担当者・責任者）
第21条　当社は、別途定めるとおり、特定個人情報等を取り扱う事務の範囲を明確化し、明確化した事務において取り扱う特定個人情報等の範囲を明確にした上で、当該事務に従事する従業者（以下「事務取扱担当者」という。）を明確にするものとする。
(略)

---

　その上で、別途「事務取扱担当者等一覧」を作成し、同一覧において事務取扱担当者を定めています。

　以上により、番号法ガイドラインで例示されている事項を取扱規程で定めることと、実務的な取扱いやすさを両立しているというわけです。

---
事務取扱担当者等一覧

　当社は、以下のとおり、特定個人情報等を取り扱う事務の範囲、当該事

務において取り扱う特定個人情報等の範囲及び当該事務に従事する従業者（事務取扱担当者）並びに事務取扱責任者を定める。

1．従業者、その扶養親族等及び第3号被保険者に関する事務

| 特定個人情報等を取り扱う事務の範囲 | 特定個人情報等の範囲 | 事務取扱担当者 | 事務取扱責任者 |
|---|---|---|---|
| 源泉徴収票作成事務 | 従業者の氏名、住所及び個人番号、並びにその扶養親族等の氏名及び個人番号 | 人事部給与課 | 人事部給与課長 |
| 財産形成住宅貯蓄・財産形成年金貯蓄に関する申告書、届出書及び申込書提出事務 | （略） | （略） | （略） |

　事務取扱担当者等一覧において、「特定個人情報等を取り扱う事務の範囲」、「特定個人情報等の範囲」、「事務取扱担当者」及び「事務取扱責任者」をそれぞれ明確にしています。これは、番号法ガイドラインの「安全管理措置の考え方」（番号法ガイドライン（別添）「要点」）及び「安全管理措置の検討手順」（同（別添）①）で求められているA～Cを明確にした上で、組織的安全管理措置でいう責任者を定めたものです。

　なお、番号法ガイドラインは、「特定個人情報等の範囲」について、「事務において使用される個人番号及び個人番号と関連づけて管理される個人情報（氏名、生年月日等）の範囲を明確にすることをいう」としています。これは、同ガイドラインが、素案の段階で「B　特定個人情報ファイルの範囲の明確化」として「源泉徴収票を作成する事務の場合、必要な従業員等の個人番号及び給与関係データがどこにどのような

図表3－2 「B　特定個人情報等の範囲の明確化」についての素案と最終版の違い

| 2014年7月29日付け番号法<br>ガイドライン「素案」 | 2014年12月18日付け番号法<br>ガイドライン最終版 |
| --- | --- |
| B　特定個人情報ファイルの範囲の明確化<br>事業者は、Aで明確化した事務において取り扱う特定個人情報ファイルの範囲を明確にしておかなければならない。<br>＊源泉徴収票を作成する事務の場合、必要な従業員等の個人番号及び給与関係データがどこにどのような形で保存されているかを、明確にしておく必要がある。 | B　特定個人情報等の範囲の明確化<br>事業者は、Aで明確化した事務において取り扱う特定個人情報等の範囲を明確にしておかなければならない（注）。<br><br>（注）特定個人情報等の範囲を明確にするとは、事務において使用される個人番号及び個人番号と関連付けて管理される個人情報（氏名、生年月日等）の範囲を明確にすることをいう。 |

形で保存されているかを、明確にしておく」としていたところから変更されていますので、注意が必要です（図表3－2）。

　つまり、**どのような個人情報と個人番号を使用するのかを明確にする**のであって、データベース等がどこにどのような形で保存されているのかを明確にするのではないということです。

　また、「事務取扱担当者」については、個人名による明確化でなくても「部署名（○○課、○○係等）、事務名（○○事務担当者）等により、担当者が明確になれば十分である」とされています（番号法ガイドラインQ&A「Q10-1」）。したがって、**個人名まで記載する必要はなく、部署名や事務名を記載すれば十分**です。

　次に、第2項及び第3項で、事務取扱責任者を明確にした上でその任

務を定めています。

> (事務取扱担当者・責任者)
> **第21条** （略）
> 2　当社は、別途定めるとおり、前項により定められた各事務における事務取扱責任者を明確にするものとする。
> 3　事務取扱責任者は、次に掲げる業務を所管する。
> 　⑴　特定個人情報等の利用申請の承認及び記録等の管理
> 　⑵　特定個人情報等を取り扱う保管媒体の設置場所の指定及び変更の管理
> 　⑶　特定個人情報等の管理区分及び権限についての設定及び変更の管理
> 　⑷　特定個人情報等の取扱状況の把握
> 　⑸　委託先における特定個人情報等の取扱状況等の監督
> 　⑹　特定個人情報等の安全管理に関する教育・研修の実施
> 　⑺　特定個人情報等管理責任者に対する報告
> 　⑻　その他所管部署における特定個人情報等の安全管理に関する事項

　本サンプルでは、後記第22条で「特定個人情報等管理責任者」を定めています。これは、経済産業分野ガイドラインにおける「個人情報保護管理者（いわゆる、チーフ・プライバシー・オフィサー（CPO））」と同一人物であることを想定しています。

　そこで、本サンプルでは、「特定個人情報等管理責任者」とは別に、各部署長等を想定して「事務取扱責任者」を定めることとして、日常的な事務に対する管理・監督を行わせる形にしています。これが、番号法ガイドラインが組織的安全管理措置でいう「事務における責任者」という位置づけになっています。

　第22条は、前述した特定個人情報等管理責任者を定めています。

> (特定個人情報等管理責任者)
> **第22条** 当社は、特定個人情報等の安全管理のため特定個人情報等管理責任者を定め、○○○○を特定個人情報等管理責任者とする。
> 2 特定個人情報等管理責任者は、次に掲げる業務を所管する。
>   (1) 特定個人情報等の安全管理に関する規程の承認及び周知
>   (2) 事務取扱責任者からの報告徴収及び助言・指導
>   (3) 特定個人情報等の適正な取扱いに関する事務取扱担当者に対する教育・研修の企画
>   (4) その他特定個人情報等の安全管理に関する事項

チーフ・プライバシー・オフィサー(CPO)と同一人物となるのが一般的であると思われますので、原則として役員を任命することが望ましいことになります(経済産業分野ガイドライン)。

第23条は、個人情報保護法31条に従った苦情対応の体制を規定したものです。

> (苦情対応)
> **第23条** 当社は、特定個人情報等の取扱いに関する苦情(以下「苦情」という。)について必要な体制整備を行い、苦情があったときは、適切かつ迅速な対応に努めるものとする。
> 2 苦情対応の責任者は、○○○○とするものとする。

これは、基本方針で定めた「質問及び苦情処理の窓口」と対応したものになっている必要があります。

第24条は、一般の従業員等の義務を定めたものです。

> (従業者の義務)
> **第24条** 当社の従業者又は従業者であった者は、業務上知り得た特定個人情報等の内容をみだりに他人に知らせ、又は不当な目的に使用してはな

> らない。
> 2　特定個人情報等の漏えい、滅失若しくは毀損の発生又は兆候を把握した従業者は、その旨を事務取扱責任者又は特定個人情報等管理責任者に報告するものとする。
> 3　本規程に違反している事実又は兆候を把握した従業者は、その旨を事務取扱責任者又は特定個人情報等管理責任者に報告するものとする。
> 4　事務取扱責任者は、前2項の報告を受けた際には、直ちにそれを特定個人情報等管理責任者に報告するものとする。
> 5　特定個人情報等管理責任者は、前3項による報告の内容を調査し、本規程に違反する事実が判明した場合には遅滞なく○○に報告するとともに、関係事業部門に適切な措置をとるよう指示するものとする。

　第1項で、漏えい等の防止と目的外使用の禁止を定めています。
　第2項は漏えい等を把握等した場合の報告義務を、第3項は規定違反を把握等した場合の報告義務をそれぞれ定めています。これらは、組織的安全管理措置に例示されているものです。その際の報告先は、特定個人情報等管理責任者のみならず、事務取扱責任者も含めています。**漏えい等の事案が発生した場合には、少しでも早く報告をさせて対応に着手する**ことが事故発生時の「炎上」等を防止するために重要です。そこで、役員レベルである特定個人情報等管理責任者ではなく事務取扱責任者に報告することでも足りるとしています。

## ［9］「第8章　安全管理措置」の内容

### ①　第1節「総則」
　第8章では、講ずる安全管理措置を具体的に定めています。

　まず、第25条では、第2節以下で自社が講ずる安全管理措置の具体的な内容を規定する旨を宣言しています。

> (特定個人情報等の安全管理)
> 第25条　当社は、特定個人情報等の漏えい、滅失又は毀損の防止その他の特定個人情報等の安全管理のために、第2節ないし第5節に定める措置を講ずるものとする。

　なお、第2節以下の規定は、純粋なサンプルとして記載したもので、各企業・団体が、自らが構築する安全管理措置の内容を記載すれば問題ありません。

　第26条は、委託先の監督を定めています。

> (委託先の監督)
> 第26条　当社は、特定個人情報等の取扱いの全部又は一部を当社以外の者に委託するときは、委託先において番号法に基づき当社が果たすべき安全管理措置と同等の措置が講じられているか否かについてあらかじめ確認した上で、原則として委託契約において、特定個人情報等の安全管理について委託先が講ずべき措置を明らかにし、委託先に対する必要かつ適切な監督を行うものとする。
> 2　委託先が特定個人情報等の取扱いの全部又は一部を再委託する場合には、当社の許諾を得るものとする。また、再委託が行われた場合、当社は、委託先が再委託先に対して必要かつ適切な監督を行っているかについて監督するものとする。

　特定個人情報の取扱いを委託することは可能ですが、その際には「必要かつ適切な監督」を行う義務があります（法11条）。

〈マイナンバー法〉

> (委託先の監督)
> 第11条　個人番号利用事務等の全部又は一部の委託をする者は、当該委託

> に係る個人番号利用事務等において取り扱う特定個人情報の安全管理が図られるよう、当該委託を受けた者に対する必要かつ適切な監督を行わなければならない。

　この「必要かつ適切な監督」について、番号法ガイドラインは、「特定個人情報の安全管理措置が適切に講じられる」よう委託を受けた者に対する「必要かつ適切な監督」を行うことであるとしています。そして、ここでいう「必要かつ適切な監督」とは、
　① 委託先の適切な選定
　② 安全管理措置に関する委託契約の締結
　③ 委託先における特定個人情報の取扱状況の把握
を行うことが含まれているとしています。

　その上で、上記①について、番号法ガイドラインは「委託先において、番号法に基づき委託者自らが果たすべき安全管理措置と同等の措置が講じられるか否かについて、あらかじめ確認しなければならない」としています。

　そこで、本サンプル第26条第1項は、これらをすべて盛り込む形で規程を作っています。

　締結すべき委託契約については、第4章第2節（150ページ）をする場合には最初の委託者の許諾が必要であるとされています。第2項はこのことを確認する規定になっています。このように、**再委託に許諾が必要**である点は個人情報の取扱いと異なっていますので、注意が必要です。

### 2 第2節「組織的安全管理措置」

　番号法ガイドラインでは、組織的安全管理措置として、以下が義務であるとされています。

|   | 項　目 | 内　容 |
|---|---|---|
| a | 組織体制の整備 | 安全管理措置を講ずるための組織体制を整備する |
| b | 取扱規程等に基づく運用 | 取扱規程等に基づく運用状況を確認するため、システムログまたは利用実績を記録する |
| c | 取扱状況を確認する手段の整備 | 特定個人情報ファイルの取扱状況を確認するための手段を整備する |
| d | 情報漏えい等事案に対応する体制の整備 | 情報漏えい等の事案の発生または兆候を把握した場合に、適切かつ迅速に対応するための体制を整備する |
| e | 取扱状況の把握及び安全管理措置の見直し | 特定個人情報等の取扱状況を把握し、安全管理措置の評価、見直し及び改善に取り組む |

　このうち、「a　組織体制の整備」は、取扱規程サンプルでは第7章でまとめて規定していますので、本節では規定していません。

　まず、第27条で、「c　取扱状況を確認する手段の整備」を実現する規定を置いています。

(特定個人情報等の取扱状況の記録)
第27条　当社は、別途定める様式「特定個人情報取扱台帳」を用いて、以下を記録する。
・特定個人情報ファイルの種類、名称
・対象者及び個人情報の項目
・明示・公表等を行った利用目的
・責任者、取扱部署
・アクセス権を有する者
・保管場所

・保管方法
　・保存期間
　・削除・廃棄状況
　なお、「特定個人情報取扱台帳」には特定個人情報等は記載しない。

　これは、個人情報保護法のガイドライン等の下での「個人データ取扱台帳」または「個人情報取扱台帳」といったものに該当するものです。本サンプルでは、「特定個人情報取扱台帳」としています。この台帳については、後記2(128ページ)で具体的なサンプルを提示して解説しています。
　なお、番号法ガイドライン上、「特定個人情報取扱台帳」には個人番号及び特定個人情報を記載してはならないとされていますので、最後の一文でその旨を規定しています。

　次に、第28条では、「b　取扱規程等に基づく運用」を実現する措置を講じています。

（本規程に基づく運用状況の記録）
第28条　当社は、本規程に基づく運用状況を確認するため、別途定めるところに従い、以下の項目をシステムログ又は利用実績として記録する。
　・特定個人情報ファイルの利用・出力状況の記録
　・書類・媒体等の持出しの記録
　・特定個人情報ファイルの削除・廃棄記録
　・削除・廃棄を委託した場合、これを証明する記録等
　・特定個人情報ファイルを情報システムで取り扱う場合、事務取扱担当者の情報システムの利用状況（ログイン実績、アクセスログ等）の記録

　番号法ガイドラインに基づけば、本条に記載しているような事項を**システムログまたは利用実績として記録することが要求されている**ことに

なります。システムログを記録するために IT 投資が必要となる企業・団体もあると考えられますので、注意が必要です。

　第29条では、「d　情報漏えい等事案に対応する体制の整備」を定めています。

> （情報漏えい等事案への対応）
> 第29条　当社が情報漏えい等の事案の発生又は兆候を把握した場合には、特定個人情報等管理責任者は、速やかに○○、○○、○○で構成される「特定個人情報漏えい等事故調査委員会」を招集し、必要に応じて、適切かつ迅速に以下の対応を行う。
> ・当社内部における報告、被害の拡大防止
> ・事実関係の調査、原因の究明
> ・影響範囲の特定
> ・再発防止策の検討・実施
> ・影響を受ける可能性のある本人への連絡
> ・事実関係、再発防止策等の公表
> ・特定個人情報保護委員会・主務大臣等への報告

　特定個人情報等が漏えい等した場合またはその兆候を把握した場合に何をするのかを、あらかじめ決めておく規定ということになります。

　本サンプルでは、「特定個人情報漏えい等事故調査委員会」という委員会を立ち上げること、及びその構成員をあらかじめ規定する形にしています。情報の漏えい等が発生していることが明らかになった際に、誰が責任者で、どのような組織（ここでは委員会）がそれに対応するのかをあらかじめ決めておくことは、実務上重要です。

　漏えい等の事案は、ときには夜中や休日に発覚し、現場の担当者は一刻も早くその対応をしなければならない状況に置かれます。そのときに、誰に連絡をとって誰を責任者として何を決めていくのかを事前に定

めておくことは、混乱する現場での実務を大いに助けることになるからです。

第30条は、「e　取扱状況の把握及び安全管理措置の見直し」の規定です。

> （取扱状況の把握及び安全管理措置の見直し）
> 第30条　当社は、特定個人情報等の取扱状況を把握し、安全管理措置の評価、見直し及び改善に取り組むため、監査責任者を任命し、少なくとも毎年1回、取扱状況を点検し、安全管理措置を見直す。

本サンプルでは、監査責任者（※）を任命した上で、毎年1回、自主的な点検を行って安全管理措置を見直すようにしています。
※　「監査責任者」は、経済産業分野ガイドラインにおいて、設置が望ましいとされています。

### ③ 第3節「人的安全管理措置」
番号法ガイドラインでは、人的安全管理措置として、以下が義務であるとされています。

|   | 項　目 | 内　容 |
|---|---|---|
| a | 事務取扱担当者の監督 | 事業者は、特定個人情報等が取扱規程等に基づき適正に取り扱われるよう、事務取扱担当者に対して必要かつ適切な監督を行う。 |
| b | 事務取扱担当者の教育 | 事業者は、事務取扱担当者に、特定個人情報等の適正な取扱いを周知徹底するとともに適切な教育を行う。 |

第31条は、従業者に対する監督・教育を定めています。

> (従業者の監督・教育)
> 第31条　当社は、特定個人情報等の安全管理のために、従業者に対する必要かつ適切な監督・教育を行うものとする。

　番号法ガイドラインの人的安全管理措置は、事務取扱担当者に対する監督・教育のみを義務であるとしていますが、本サンプルでは、事務取扱担当者に当たらない一般の従業者を含めて**全員に対する監督・教育を行う**ものと定めて、より幅広く監督・教育を行うこととしています。

### ④ 第4節「物理的安全管理措置」

　番号法ガイドラインでは、物理的安全管理措置として、以下が義務であるとされています。

|  | 項　目 | 内　容 |
| --- | --- | --- |
| a | 特定個人情報等を取り扱う区域の管理 | 特定個人情報等の情報漏えい等を防止するために、「管理区域」及び「取扱区域」を明確にし、物理的な安全管理措置を講ずる |
| b | 機器及び電子媒体等の盗難等の防止 | 管理区域及び取扱区域における特定個人情報等を取り扱う機器、電子媒体及び書類等の盗難または紛失等を防止するために、物理的な安全管理措置を講ずる |
| c | 電子媒体等を持ち出す場合の漏えい等の防止 | 特定個人情報等が記録された電子媒体または書類等を持ち出す場合、容易に個人番号が判明しない措置の実施、追跡可能な移送手段の利用等、安全な方策を講ずる |
| d | 個人番号の削除、機器及び電子媒体等の廃棄 | ・復元できない手段で削除または廃棄する<br>・削除または廃棄した記録を保存する。委託する場合には、委託先が確実に削除または廃棄したことを証明書等により確認する |

第32条は「a　特定個人情報等を取り扱う区域の管理」を規定しています。

> （特定個人情報等を取り扱う区域の管理）
> 第32条　当社は、特定個人情報ファイルを取り扱う情報システムを管理する区域（以下「管理区域」という。）及び特定個人情報等を取り扱う事務を実施する区域（以下「取扱区域」という。）を明確にし、それぞれ以下のとおりの安全管理措置を講ずる。
> 1．管理区域
>   ・入退室管理及び管理区域へ持ち込む機器等の制限
> 2．取扱区域
>   ・壁又は間仕切り等の設置、及び事務取扱担当者以外の者の往来が少ない場所への座席配置や、後ろから覗き見される可能性が低い場所への座席配置等に努める。

「管理区域」と「取扱区域」という**概念で管理**をするのが番号法ガイドラインの特徴です。

管理区域とは、「特定個人情報ファイルを取り扱う情報システムを管理する区域」をいいますから、サーバ・ルームがその典型例ということになります。取扱区域とは、「特定個人情報等を取り扱う事務を実施する区域」をいいますから、帳票を取り扱っている経理部門や総務部門のオフィスが典型例です。

管理区域についてはすでに入退室管理等を行っている企業・団体が多いと思いますが、今後は、取扱区域、すなわち**総務部門や経理部門のオフィスにおいても物理的な安全管理措置を講じる義務**がありますので、注意が必要です。その措置の具体例としては、本サンプルに記載されているとおり、**壁または間仕切りの設置**及び**座席配置の工夫**等があるとされています。

第33条は「b　機器及び電子媒体等の盗難等の防止」として具体的に講じる措置を規定しています。

> （機器及び電子媒体等の盗難等の防止）
> 第33条　当社は、管理区域及び取扱区域における特定個人情報等を取り扱う機器、電子媒体及び書類等の盗難又は紛失等を防止するために、以下の安全管理措置を講ずる。
> ・特定個人情報等を取り扱う電子媒体又は書類等は、施錠できるキャビネット・書庫等に保管する。
> ・特定個人情報ファイルを取り扱う機器は、セキュリティワイヤー等により固定する。

　第34条は、「c　電子媒体等を持ち出す場合の漏えい等の防止」を規定しています。

> （電子媒体等を持ち出す場合の漏えい等の防止）
> 第34条　当社は、特定個人情報等が記録された電子媒体又は書類等を管理区域又は取扱区域の外に持ち出す場合、以下の措置を講じる。
> ・持出しデータの暗号化、パスワードによる保護、又は施錠できる搬送容器を使用する。ただし、行政機関等に法定調書等をデータで提出するに当たっては、行政機関等が指定する提出方法に従う。
> ・特定個人情報等が記載された書類等は、封緘して持ち出す。

　ここで注意が必要なのは、「持ち出し」とは「管理区域又は取扱区域の外に持ち出す」ことをいうことです。つまり、会社から外部に持ち出すことではなく、**総務部門や経理部門のオフィスから廊下に持ち出す**際には「持ち出し」に当たりますので、本サンプル第33条の適用があることになります。

　前記［7］（88ページ）で述べたとおり、個人番号は、行政機関等に

提出する事務に必要がなくなり、法定保存期間が経過した時点で廃棄・削除しなければなりません。

　この点について、番号法ガイドラインは、「d　個人番号の削除、機器及び電子媒体等の廃棄」として、「復元できない手段で」廃棄・削除することを要求しています。

　本サンプル第35条１項は、それを具体的に定めています。

> (個人番号の削除、機器及び電子媒体等の廃棄)
> 第35条　当社は、個人番号を削除又は廃棄する際には、以下に従って、復元できない手段で削除又は廃棄する。
> ・特定個人情報等が記載された書類を廃棄する場合、焼却、溶解、復元不可能な程度に細断可能なシュレッダーの利用又は個人番号部分を復元できない程度のマスキングを行う。
> ・特定個人情報等が記録された機器又は電子媒体等を廃棄する場合、専用のデータ削除ソフトウェアを利用するか、又は物理的な破壊を行う。
> ・特定個人情報ファイル中の個人番号又は一部の特定個人情報等を削除する場合、データ復元用の専用ソフトウェア、プログラム、装置等を用いなければ復元できない手段で削除する。
> 2　当社は、個人番号若しくは特定個人情報ファイルを削除した場合、又は電子媒体若しくは書類等を廃棄した場合には、削除又は廃棄した記録を保存する。また、これらの作業を委託する場合には、委託先が確実に削除又は廃棄したことについて、証明書等により確認する。

　また、番号法ガイドラインは、**廃棄・削除した場合にはその記録を保存する**こと、ならびに廃棄・削除を委託した場合には委託先が確実に削除または廃棄したことについて**証明書等により確認する**ことを要求しています。第２項はそのことを規定しています。

5　第５節「技術的安全管理措置」

　番号法ガイドラインでは、技術的安全管理措置として、以下が義務で

あるとされています。

|   | 項　目 | 内　容 |
|---|---|---|
| a | アクセス制御 | 情報システムを使用して個人番号関係事務または個人番号利用事務を行う場合、事務取扱担当者及び当該事務で取り扱う特定個人情報ファイルの範囲を限定するために、適切なアクセス制御を行う |
| b | アクセス者の識別と認証 | 特定個人情報等を取り扱う情報システムは、事務取扱担当者が正当なアクセス権を有する者であることを、識別した結果に基づき認証する |
| c | 外部からの不正アクセス等の防止 | 情報システムを外部からの不正アクセスまたは不正ソフトウェアから保護する仕組みを導入し、適切に運用する |
| d | 情報漏えい等の防止 | 特定個人情報等をインターネット等により外部に送信する場合、通信経路における情報漏えい等を防止するための措置を講ずる |

　第36条は、番号法ガイドラインに定められた技術的安全管理措置のうち、自社が講じる措置を列挙したものになっています。実際には、具体的な内容は各企業・団体が独自に定めることになります。

（技術的安全管理措置）
第36条　当社は、事務取扱担当者及び当該事務で取り扱う特定個人情報ファイルの範囲を限定するために、適切なアクセス制御を行う。
2　当社の特定個人情報等を取り扱う情報システムは、事務取扱担当者が正当なアクセス権を有する者であることを、識別した結果に基づき認証するものとする。
3　当社は、情報システムを外部からの不正アクセス又は不正ソフトウェ

> アから保護するため、以下の措置を講じる。
> ・当社の情報システムと外部ネットワークとの接続箇所に、ファイアウォール等を設置し、不正アクセスを遮断する。
> ・情報システム及び機器にセキュリティ対策ソフトウェア等（ウイルス対策ソフトウェア等）を導入する。
> ・機器やソフトウェア等に標準装備されている自動更新機能等の活用により、ソフトウェア等を最新状態とする。
> ・ログ等の分析を定期的に行い、不正アクセス等を検知する。
> 4　当社は、特定個人情報等をインターネット等により外部に送信する場合、通信経路の暗号化を行うよう努める。

## [10]「第9章　特定個人情報等の開示、訂正等、利用停止等」の内容

　個人情報・特定個人情報にも個人情報保護法の適用があることは前述したとおりです。

　したがって、これまでの個人情報と同じように、個人情報保護法に基づいた本人からの開示、訂正、利用停止等に対応する必要があります。第9章はその手続を定めています。

　なお、個人情報保護法25条に従って本人に開示をする場合には、マイナンバー法19条の規定にもかかわらず、当然に本人に特定個人情報を提供してよいとされています。

## [11]「第10章　雑則」の内容

　第10章は、詳細な「管理細則」等を設けている会社のためのオプションとして規定しています。

　したがって、第9章（第39条）までで、番号法ガイドラインの要請はすべて盛り込まれていますので、第10章（第40条）及び本サンプルの下位規定にあたる「管理細則」等は規定しなくても問題ありません。

**サンプルNo.11** 個人番号及び特定個人情報取扱規程

個人番号及び特定個人情報取扱規程

目　次

第1章　総則（第1条－第3条）
第2章　特定個人情報等の取得（第4条－第9条）
第3章　特定個人情報等の利用（第10条－第12条）
第4章　特定個人情報等の保存（第13条－第15条）
第5章　特定個人情報等の提供（第16条－第17条）
第6章　特定個人情報等の削除・廃棄（第18条－第20条）
第7章　組織及び体制（第21条－第24条）
第8章　安全管理措置（第25条－第36条）
第9章　特定個人情報等の開示、訂正等、利用停止等（第37条－第39条）
第10章　雑則（第40条）
附則

第1章　総則

（目的）
第1条　本規程は、個人番号及び特定個人情報（以下「特定個人情報等」という。）の適正な取扱いの確保に関し必要な事項を定めることにより、当社の事業の適正かつ円滑な運営を図りつつ、個人の権利利益を保護することを目的とする。

（定義）
第2条　本規程における用語の定義は、次の各号に定めるところによる。
　(1)　個人情報
　　　生存する個人に関する情報であって、当該情報に含まれる氏名、生年月日その他の記述又は個人別に付された番号、記号その他の符号に

第3節　取扱規程

より特定の個人を識別できるもの（他の情報と容易に照合することができ、それにより特定の個人を識別できることとなるものを含む。）をいう。

(2) 個人番号

行政手続における特定の個人を識別するための番号の利用等に関する法律（以下「番号法」という。）第2条第5項が定める住民票コードを変換して得られる番号であって、当該住民票コードが記載された住民票に係る者を識別するために指定されるものをいう。

(3) 特定個人情報

個人番号（個人番号に対応し、当該個人番号に代わって用いられる番号、記号その他の符号であって、住民票コード以外のものを含む。）をその内容に含む個人情報をいう。

(4) 個人情報ファイル

個人情報を含む情報の集合物であって、特定の個人情報について電子計算機を用いて検索することができるように体系的に構成したもののほか、特定の個人情報を容易に検索することができるように体系的に構成したものとして「個人情報の保護に関する法律施行令」で定めるものをいう。

(5) 特定個人情報ファイル

個人番号をその内容に含む個人情報ファイルをいう。

(6) 個人番号関係事務

番号法第9条第3項の規定により個人番号利用事務（行政機関、地方公共団体、独立行政法人等その他の行政事務を処理する者が同条第1項又は第2項の規定によりその保有する特定個人情報ファイルにおいて個人情報を効率的に検索し、及び管理するために必要な限度で個人番号を利用して処理する事務）に関して行われる他人の個人番号を必要な限度で利用して行う事務をいう。

(7) 本人

個人番号によって識別され、又は識別され得る特定の個人をいう。

(8) 従業者

当社の組織内にあって直接間接に当社の指揮監督を受けて当社の業務に従事している者をいう。具体的には、従業員のほか、取締役、監査役、理事、監事、派遣社員等を含む。

(当社の責務)
第3条　当社は、番号法その他の個人情報保護に関する法令及びガイドライン等を遵守するとともに、実施するあらゆる事業を通じて特定個人情報等の保護に努めるものとする。

第2章　特定個人情報等の取得

(利用目的の特定、変更)
第4条　当社は、特定個人情報等を取り扱うに当たっては、その利用の目的(以下「利用目的」という。)をできる限り特定するものとする。
2　当社は、利用目的を変更する場合には、変更前の利用目的と［相当の］関連性を有すると合理的に認められる範囲で行うものとする。
3　当社は、利用目的を変更した場合は、変更した利用目的について、本人に通知し、又は公表するものとする。

(取得に際しての利用目的の通知等)
第5条　当社は、特定個人情報等を取得した場合は、あらかじめその利用目的を通知又は公表している場合を除き、速やかに、その利用目的を本人に通知し、又は公表するものとする。
2　当社は、前項の規定にかかわらず、本人との間で契約を締結することに伴って契約書その他の書面(電子的方式等で作られる記録を含む。)に記載された当該本人の特定個人情報等を取得する場合その他本人から直接書面に記載された当該本人の特定個人情報等を取得する場合は、あらかじめ、本人に対し、その利用目的を明示するものとする。ただし、人の生命、身体又は財産の保護のために緊急に必要がある場合は、この限りでない。
3　前2項の規定は、次に掲げる場合については、適用しない。
　(1)　利用目的を本人に通知し、又は公表することにより本人又は第三者

の生命、身体、財産その他の権利利益を害するおそれがある場合
(2) 利用目的を本人に通知し、又は公表することにより当社の権利又は正当な利益を害するおそれがある場合
(3) 国の機関又は地方公共団体が法令の定める事務を遂行することに対して協力する必要がある場合であって、利用目的を本人に通知し、又は公表することにより当該事務の遂行に支障を及ぼすおそれがあるとき
(4) 取得の状況からみて利用目的が明らかであると認められる場合

(取得の制限)
第6条 当社は、特定個人情報等を取得するときは、適法かつ適正な方法で行うものとする。
2 当社は、番号法第19条各号のいずれかに該当する場合を除き、他人の特定個人情報等を収集しないものとする。

(個人番号の提供の求めの制限)
第7条 当社は、番号法第19条各号に該当して特定個人情報の提供を受けることができる場合を除くほか、他人に対し、個人番号の提供を求めないものとする。

(本人確認)
第8条 当社は、本人又はその代理人から個人番号の提供を受けるときは、番号法第16条の規定に従い、本人確認を行うものとする。

(安全管理措置)
第9条 当社は、特定個人情報等の取得に際し、第26条(委託先の監督)、第27条(特定個人情報等の取扱状況の記録)、第28条(本規程に基づく運用状況の記録)、第31条(従業者の監督・教育)、及び第36条(技術的安全管理措置)に定める安全管理措置を講じるものとする。

### 第3章 特定個人情報等の利用

(利用目的外の利用の制限)
第10条 当社は、第4条の規定により特定された利用目的の達成に必要な

範囲を超えて特定個人情報等を取り扱わないものとする。
2　当社は、合併その他の事由により他の法人等から事業を継承することに伴って特定個人情報等を取得した場合は、継承前における当該特定個人情報等の利用目的の達成に必要な範囲を超えて、当該特定個人情報等を取り扱わないものとする。
3　前2項の規定にかかわらず、人の生命、身体又は財産の保護のために必要がある場合であって、本人の同意があり、又は本人の同意を得ることが困難であるときには、第4条の規定により特定された利用目的の範囲を超えて特定個人情報等を取り扱うことができるものとする。

> 3　前2項の規定にかかわらず、次の各号のいずれかに該当する場合には、第4条の規定により特定された利用目的の範囲を超えて特定個人情報等を取り扱うことができるものとする。
> (1)　［番号法第9条第4項の規定に基づく場合］
> (2)　人の生命、身体又は財産の保護のために必要がある場合であって、本人の同意があり、又は本人の同意を得ることが困難であるとき

(特定個人情報ファイルの作成の制限)
第11条　当社は、番号法第19条第11号から第14号までのいずれかに該当して特定個人情報を提供し、又はその提供を受けることができる場合を除き、個人番号関係事務を処理するために必要な範囲を超えて特定個人情報ファイルを作成しないものとする。

(安全管理措置)
第12条　当社は、特定個人情報等の利用に関し、第26条（委託先の監督）、第27条（特定個人情報等の取扱状況の記録）、第28条（本規程に基づく運用状況の記録）、第31条（従業者の監督・教育）、第32条（特定個人情報等を取り扱う区域の管理）、第33条（機器及び電子媒体等の盗難等の防止）、第34条（電子媒体等を持ち出す場合の漏えい等の防止）、及び第36条（技術的安全管理措置）に定める安全管理措置を講じるものとする。

## 第4章　特定個人情報等の保存

(特定個人情報等の保管)
**第13条**　当社は、番号法第19条各号に該当する場合を除くほか、特定個人情報等を保管しないものとする。

(データ内容の正確性の確保)
**第14条**　当社は、第4条の規定により特定された利用目的の達成に必要な範囲内において、特定個人情報等を正確かつ最新の内容に保つよう努めるものとする。

(安全管理措置)
**第15条**　当社は、特定個人情報等の保存に関し、第26条（委託先の監督）、第27条（特定個人情報等の取扱状況の記録）、第28条（本規程に基づく運用状況の記録）、第31条（従業者の監督・教育）、第32条（特定個人情報等を取り扱う区域の管理）、第33条（機器及び電子媒体等の盗難等の防止）、第34条（電子媒体等を持ち出す場合の漏えい等の防止）、及び第36条（技術的安全管理措置）に定める安全管理措置を講じるものとする。

## 第5章　特定個人情報等の提供

(特定個人情報等の提供)
**第16条**　当社は、番号法第19条各号に該当する場合を除くほか、特定個人情報等を提供しないものとする。

(安全管理措置)
**第17条**　当社は、特定個人情報等の提供に関し、第26条（委託先の監督）、第27条（特定個人情報等の取扱状況の記録）、第28条（本規程に基づく運用状況の記録）、第31条（従業者の監督・教育）、第32条（特定個人情報等を取り扱う区域の管理）、第33条（機器及び電子媒体等の盗難等の防止）、第34条（電子媒体等を持ち出す場合の漏えい等の防止）、及び第36条（技術的安全管理措置）に定める安全管理措置を講じるものとする。

## 第 6 章　特定個人情報等の削除・廃棄

(特定個人情報等の削除・廃棄)
第18条　当社は、個人番号関係事務を処理する必要がなくなった場合で、かつ、所管法令において定められている保存期間を経過した場合には、個人番号をできるだけ速やかに廃棄又は削除するものとする。ただし、その個人番号部分を復元できない程度にマスキング又は削除した場合には、保管を継続することができるものとする。

(特定個人情報等を誤って収集した場合の措置)
第19条　従業者は、誤って特定個人情報等の提供を受けた場合、自ら当該特定個人情報を削除又は廃棄してはならず、速やかに所属長、第21条に定める事務取扱責任者、又は第22条に定める特定個人情報等管理責任者に報告しなければならない。
2　当社は、前項の報告を受けた際、第35条に従って、当該特定個人情報等をできるだけ速やかに削除又は廃棄した上で、その記録を保存するものとする。

(安全管理措置)
第20条　当社は、特定個人情報等の削除・廃棄に関し、第26条(委託先の監督)、第27条(特定個人情報等の取扱状況の記録)、第28条(本規程に基づく運用状況の記録)、第31条(従業者の監督・教育)、第32条(特定個人情報等を取り扱う区域の管理)、第34条(電子媒体等を持ち出す場合の漏えい等の防止)、第35条(個人番号の削除、機器及び電子媒体等の廃棄)、及び第36条(技術的安全管理措置)に定める安全管理措置を講じるものとする。

## 第 7 章　組織及び体制

(事務取扱担当者・責任者)
第21条　当社は、別途定めるとおり、特定個人情報等を取り扱う事務の範囲を明確化し、明確化した事務において取り扱う特定個人情報等の範囲

を明確にした上で、当該事務に従事する従業者（以下「事務取扱担当者」という。）を明確にするものとする。
2　当社は、別途定めるとおり、前項により定められた各事務における事務取扱責任者を明確にするものとする。
3　事務取扱責任者は、次に掲げる業務を所管する。
　⑴　特定個人情報等の利用申請の承認及び記録等の管理
　⑵　特定個人情報等を取り扱う保管媒体の設置場所の指定及び変更の管理
　⑶　特定個人情報等の管理区分及び権限についての設定及び変更の管理
　⑷　特定個人情報等の取扱状況の把握
　⑸　委託先における特定個人情報等の取扱状況等の監督
　⑹　特定個人情報等の安全管理に関する教育・研修の実施
　⑺　特定個人情報等管理責任者に対する報告
　⑻　その他所管部署における特定個人情報等の安全管理に関する事項

（特定個人情報等管理責任者）
第22条　当社は、特定個人情報等の安全管理のため特定個人情報等管理責任者を定め、○○○○を特定個人情報等管理責任者とする。
2　特定個人情報等管理責任者は、次に掲げる業務を所管する。
　⑴　特定個人情報等の安全管理に関する規程の承認及び周知
　⑵　事務取扱責任者からの報告徴収及び助言・指導
　⑶　特定個人情報等の適正な取扱いに関する事務取扱担当者に対する教育・研修の企画
　⑷　その他特定個人情報等の安全管理に関する事項

（苦情対応）
第23条　当社は、特定個人情報等の取扱いに関する苦情（以下「苦情」という。）について必要な体制整備を行い、苦情があったときは、適切かつ迅速な対応に努めるものとする。
2　苦情対応の責任者は、○○○○とするものとする。

（従業者の義務）
第24条　当社の従業者又は従業者であった者は、業務上知り得た特定個人情報等の内容をみだりに他人に知らせ、又は不当な目的に使用してはならない。
2　特定個人情報等の漏えい、滅失若しくは毀損の発生又は兆候を把握した従業者は、その旨を事務取扱責任者又は特定個人情報等管理責任者に報告するものとする。
3　本規程に違反している事実又は兆候を把握した従業者は、その旨を事務取扱責任者又は特定個人情報等管理責任者に報告するものとする。
4　事務取扱責任者は、前2項の報告を受けた際には、直ちにそれを特定個人情報等管理責任者に報告するものとする。
5　特定個人情報等管理責任者は、前3項による報告の内容を調査し、本規程に違反する事実が判明した場合には遅滞なく○○に報告するとともに、関係事業部門に適切な措置をとるよう指示するものとする。

## 第8章　安全管理措置

### 第1節　総則

（特定個人情報等の安全管理）
第25条　当社は、特定個人情報等の漏えい、滅失又は毀損の防止その他の特定個人情報等の安全管理のために、第2節ないし第5節に定める措置を講ずるものとする。

（委託先の監督）
第26条　当社は、特定個人情報等の取扱いの全部又は一部を当社以外の者に委託するときは、委託先において番号法に基づき当社が果たすべき安全管理措置と同等の措置が講じられているか否かについてあらかじめ確認した上で、原則として委託契約において、特定個人情報等の安全管理について委託先が講ずべき措置を明らかにし、委託先に対する必要かつ適切な監督を行うものとする。
2　委託先が特定個人情報等の取扱いの全部又は一部を再委託する場合に

は、当社の許諾を得るものとする。また、再委託が行われた場合、当社は、委託先が再委託先に対して必要かつ適切な監督を行っているかについて監督するものとする。

第2節　組織的安全管理措置

(特定個人情報等の取扱状況の記録)
第27条　当社は、別途定める様式「特定個人情報取扱台帳」を用いて、以下を記録する。
- 特定個人情報ファイルの種類、名称
- 対象者及び個人情報の項目
- 明示・公表等を行った利用目的
- 責任者、取扱部署
- アクセス権を有する者
- 保管場所
- 保管方法
- 保存期間
- 削除・廃棄状況

なお、「特定個人情報取扱台帳」には特定個人情報等は記載しない。

(本規程に基づく運用状況の記録)
第28条　当社は、本規程に基づく運用状況を確認するため、別途定めるところに従い、以下の項目をシステムログ又は利用実績として記録する。
- 特定個人情報ファイルの利用・出力状況の記録
- 書類・媒体等の持出しの記録
- 特定個人情報ファイルの削除・廃棄記録
- 削除・廃棄を委託した場合、これを証明する記録等
- 特定個人情報ファイルを情報システムで取り扱う場合、事務取扱担当者の情報システムの利用状況（ログイン実績、アクセスログ等）の記録

(情報漏えい等事案への対応)
第29条　当社が情報漏えい等の事案の発生又は兆候を把握した場合には、特定個人情報等管理責任者は、速やかに○○、○○、○○で構成される

「特定個人情報等漏えい等事故調査委員会」を招集し、必要に応じて、適切かつ迅速に以下の対応を行う。
- 当社内部における報告、被害の拡大防止
- 事実関係の調査、原因の究明
- 影響範囲の特定
- 再発防止策の検討・実施
- 影響を受ける可能性のある本人への連絡
- 事実関係、再発防止策等の公表
- 特定個人情報保護委員会・主務大臣等への報告

(取扱状況の把握及び安全管理措置の見直し)
**第30条** 当社は、特定個人情報等の取扱状況を把握し、安全管理措置の評価、見直し及び改善に取り組むため、監査責任者を任命し、少なくとも毎年1回、取扱状況を点検し、安全管理措置を見直す。

第3節　人的安全管理措置

(従業者の監督・教育)
**第31条** 当社は、特定個人情報等の安全管理のために、従業者に対する必要かつ適切な監督・教育を行うものとする。

第4節　物理的安全管理措置

(特定個人情報等を取り扱う区域の管理)
**第32条** 当社は、特定個人情報ファイルを取り扱う情報システムを管理する区域(以下「管理区域」という。)及び特定個人情報等を取り扱う事務を実施する区域(以下「取扱区域」という。)を明確にし、それぞれ以下のとおりの安全管理措置を講ずる。
1. 管理区域
    - 入退室管理及び管理区域へ持ち込む機器等の制限
2. 取扱区域
    - 壁又は間仕切り等の設置、及び事務取扱担当者以外の者の往来が少ない場所への座席配置や、後ろから覗き見される可能性が低い場所

への座席配置等に努める。

(機器及び電子媒体等の盗難等の防止)
第33条　当社は、管理区域及び取扱区域における特定個人情報等を取り扱う機器、電子媒体及び書類等の盗難又は紛失等を防止するために、以下の安全管理措置を講ずる。
・特定個人情報等を取り扱う電子媒体又は書類等は、施錠できるキャビネット・書庫等に保管する。
・特定個人情報ファイルを取り扱う機器は、セキュリティワイヤー等により固定する。

(電子媒体等を持ち出す場合の漏えい等の防止)
第34条　当社は、特定個人情報等が記録された電子媒体又は書類等を管理区域又は取扱区域の外に持ち出す場合、以下の措置を講じる。
・持出しデータの暗号化、パスワードによる保護、又は施錠できる搬送容器を使用する。ただし、行政機関等に法定調書等をデータで提出するに当たっては、行政機関等が指定する提出方法に従う。
・特定個人情報等が記載された書類等は、封緘して持ち出す。

(個人番号の削除、機器及び電子媒体等の廃棄)
第35条　当社は、個人番号を削除又は廃棄する際には、以下に従って、復元できない手段で削除又は廃棄する。
・特定個人情報等が記載された書類を廃棄する場合、焼却、溶解、復元不可能な程度に細断可能なシュレッダーの利用又は個人番号部分を復元できない程度のマスキングを行う。
・特定個人情報等が記録された機器又は電子媒体等を廃棄する場合、専用のデータ削除ソフトウェアを利用するか、又は物理的な破壊を行う。
・特定個人情報ファイル中の個人番号又は一部の特定個人情報等を削除する場合、データ復元用の専用ソフトウェア、プログラム、装置等を用いなければ復元できない手段で削除する。
2　当社は、個人番号若しくは特定個人情報ファイルを削除した場合、又は電子媒体若しくは書類等を廃棄した場合には、削除又は廃棄した記録を保存する。また、これらの作業を委託する場合には、委託先が確実に

削除又は廃棄したことについて、証明書等により確認する。

第 5 節　技術的安全管理措置

(技術的安全管理措置)
**第36条**　当社は、事務取扱担当者及び当該事務で取り扱う特定個人情報ファイルの範囲を限定するために、適切なアクセス制御を行う。
2　当社の特定個人情報等を取り扱う情報システムは、事務取扱担当者が正当なアクセス権を有する者であることを、識別した結果に基づき認証するものとする。
3　当社は、情報システムを外部からの不正アクセス又は不正ソフトウェアから保護するため、以下の措置を講じる。
・当社の情報システムと外部ネットワークとの接続箇所に、ファイアウォール等を設置し、不正アクセスを遮断する。
・情報システム及び機器にセキュリティ対策ソフトウェア等（ウイルス対策ソフトウェア等）を導入する。
・機器やソフトウェア等に標準装備されている自動更新機能等の活用により、ソフトウェア等を最新状態とする。
・ログ等の分析を定期的に行い、不正アクセス等を検知する。
4　当社は、特定個人情報等をインターネット等により外部に送信する場合、通信経路の暗号化を行うよう努める。

第 9 章　特定個人情報等の開示、訂正等、利用停止等

(特定個人情報等の開示等)
**第37条**　当社は、本人から、当該本人が識別される特定個人情報等に係る保有個人データについて、書面又は口頭により、その開示（当該本人が識別される特定個人情報等に係る保有個人データを保有していないときにその旨を知らせることを含む。以下同じ。）の申出があったときは、身分証明書等により本人であることを確認の上、開示をするものとする。ただし、開示することにより次の各号のいずれかに該当する場合は、その全部又は一部を開示しないことができる。

⑴　本人又は第三者の生命、身体、財産その他の権利利益を害するおそれがある場合
　⑵　当社の事業の適正な実施に著しい支障を及ぼすおそれがある場合
　⑶　他の法令に違反することとなる場合
2　開示は、書面により行うものとする。ただし、開示の申出をした者の同意があるときは、書面以外の方法により開示をすることができる。
3　特定個人情報等に係る保有個人データの開示又は不開示の決定の通知は、本人に対し、書面により遅滞なく行うものとする。

（特定個人情報等の訂正等）
**第38条**　当社は、本人から、当該本人が識別される特定個人情報等に係る保有個人データの内容が事実でないという理由によって当該特定個人情報等に係る保有個人データの内容の訂正、追加又は削除（以下「訂正等」という。）を求められた場合には、その内容の訂正等に関して他の法令の規定により特別の手続が定められている場合を除き、利用目的の達成に必要な範囲内において、遅滞なく必要な調査を行い、その結果に基づき、当該特定個人情報等に係る保有個人データの内容の訂正等を行うものとする。
2　当社は、前項の規定に基づき求められた特定個人情報等に係る保有個人データの内容の訂正等を行ったとき、又は訂正等を行わない旨の決定をしたときは、本人に対し、遅滞なく、その旨（訂正等を行ったときは、その内容を含む。）を通知するものとする。
3　当社は、前項の通知を受けた者から、再度申出があったときは、前項と同様の処理を行うものとする。
4　当社は、前第2項の規定により、本人から求められた措置の全部又は一部について、その措置をとらない旨を通知する場合又はその措置と異なる措置をとる旨を通知する場合は、本人に対し、その理由を説明するよう努めるものとする。

（特定個人情報等の利用停止等）
**第39条**　当社は、本人から、当該本人が識別される特定個人情報等に係る保有個人データが第10条の規定に違反して取り扱われているという理由

又は第6条の規定に違反して取得されたものであるという理由によって、当該特定個人情報等に係る保有個人データの利用の停止又は消去（以下「利用停止等」という。）を求められた場合、又は第16条の規定に違反して第三者に提供されているという理由によって、当該特定個人情報等に係る保有個人データの第三者への提供の停止（以下「第三者提供の停止」という。）を求められた場合で、その求めに理由があることが判明したときは、遅滞なく、当該特定個人情報等に係る保有個人データの利用停止等又は第三者提供の停止を行うものとする。ただし、当該特定個人情報等に係る保有個人データの利用停止等又は第三者提供の停止に多額の費用を要する場合その他の利用停止等又は第三者提供の停止を行うことが困難な場合であって、本人の権利利益を保護するため必要なこれに代わるべき措置をとるときは、この限りでない。
2　当社は、前項の規定に基づき求められた特定個人情報等に係る保有個人データについて、利用停止等を行ったとき若しくは利用停止等を行わない旨の決定をしたとき、又は第三者提供の停止を行ったとき若しくは第三者提供の停止を行わない旨の決定をしたときは、本人に対し、遅滞なく、その旨を通知するものとする。
3　前条第3項及び第4項は本条に準用する。

第10章　雑　則

（その他）
**第40条**　［本規程の実施に必要な規則等は、別途定めるものとする。］

附　則

本規程は、平成〇年〇月〇日から施行する。

事務取扱担当者等一覧

当社は、以下のとおり、特定個人情報等を取り扱う事務の範囲、当該事務において取り扱う特定個人情報等の範囲及び当該事務に従事する従業者

(事務取扱担当者)並びに事務取扱責任者を定める。

1．従業者、その扶養親族等及び第3号被保険者に関する事務

| 特定個人情報等を取り扱う事務の範囲 | 特定個人情報等の範囲 | 事務取扱担当者 | 事務取扱責任者 |
|---|---|---|---|
| 源泉徴収票作成事務 | 従業者の氏名、住所及び個人番号、並びにその扶養親族等の氏名及び個人番号 | 人事部給与課 | 人事部給与課長 |
| 財産形成住宅貯蓄・財産形成年金貯蓄に関する申告書、届出書及び申込書提出事務 | (略) | (略) | (略) |
| 健康保険・厚生年金保険届出事務<br>健康保険・厚生年金保険申請・請求事務 | (略) | (略) | (略) |
| 雇用保険届出事務<br>雇用保険申請・請求事務 | (略) | (略) | (略) |
| 上記各事務における特定個人情報等を取り扱う情報システムの保守に関する事務 | (略) | システム部システム管理課 | システム部システム管理課長 |

## 2．不動産使用料、報酬等の支払先に関する事務

| 特定個人情報等を取り扱う事務の範囲 | 特定個人情報等の範囲 | 事務取扱担当者 | 事務取扱責任者 |
|---|---|---|---|
| 不動産取引に関する支払調書作成事務 | 支払先の氏名、住所及び個人番号 | 経理部経理課 | 経理部経理課長 |
| 報酬、料金、契約金及び賞金に関する支払調書作成事務 | （略） | （略） | （略） |
| 上記各事務における特定個人情報等を取り扱う情報システムの保守に関する事務 | （略） | システム部システム管理課 | システム部システム管理課長 |

## 3．配当等の支払先に関する事務

| 特定個人情報等を取り扱う事務の範囲 | 特定個人情報等の範囲 | 事務取扱担当者 | 事務取扱責任者 |
|---|---|---|---|
| 配当及び剰余金の分配に関する支払調書作成事務 | 支払先の氏名、住所及び個人番号 | 総務部○○担当者[個人番号が記載された書類を受け渡す立場の者] | 総務部長 |
| 上記各事務における特定個人情報等を取り扱う情報システムの保守に関する事務 | （略） | システム部システム管理課 | システム部システム管理課長 |

【筆者注】本サンプルは、今後の番号法ガイドラインQ&Aの追加・変更等により変更される可能性がある点にご留意下さい。

## 第4節

# 組織的安全管理措置

## 1 利用実績の記録

　組織的安全管理措置の内容については、前記第3節2[9] 2 (98ページ）でも述べましたが、中小規模事業者（69ページ）を含めた全体としては以下のとおり規定されています。

|   | 項　目 | 内　容 | 中小規模事業者の場合 |
| --- | --- | --- | --- |
| a | 組織体制の整備 | 安全管理措置を講ずるための組織体制を整備する | 事務取扱担当者が複数いる場合、責任者と事務取扱担当者を区分することが望ましい |
| b | 取扱規程等に基づく運用 | 取扱規程等に基づく運用状況を確認するため、システムログまたは利用実績を記録する | 特定個人情報等の取扱状況のわかる記録を保存する |
| c | 取扱状況を確認する手段の整備 | 特定個人情報ファイルの取扱状況を確認するための手段を整備する | （同上） |
| d | 情報漏えい等事案に対応する体制の整備 | 情報漏えい等の事案の発生または兆候を把握した場合に、適切かつ迅速に対応するための体制を整 | 情報漏えい等の事案の発生等に備え、従業者から責任ある立場の者に対する報告連絡体制等をあら |

| | | 備する | かじめ確認しておく |
|---|---|---|---|
| e | 取扱状況の把握及び安全管理措置の見直し | 特定個人情報等の取扱状況を把握し、安全管理措置の評価、見直し及び改善に取り組む | 責任ある立場の者が、特定個人情報等の取扱状況について、定期的に点検を行う |

　このうち、「b　取扱規程等に基づく運用」として「**システムログ又は利用実績を記録する**」**ことが義務になっている**ことに注意が必要です（中小規模事業者にとっては義務ではありません）。現状、従業員の人事情報の取扱い等についてシステムログを保存していない会社は、IT投資をするなどして対応する必要があるためです。

　「b」の例示として、番号法ガイドラインは以下を列挙しています。

≪手法の例示≫
* 記録する項目としては、次に掲げるものが挙げられる。
  ① 特定個人情報ファイルの利用・出力状況の記録
  ② 書類・媒体等の持出しの記録
  ③ 特定個人情報ファイルの削除・廃棄記録
  ④ 削除・廃棄を委託した場合、これを証明する記録等
  ⑤ 特定個人情報ファイルを情報システムで取り扱う場合、事務取扱担当者の情報システムの利用状況（ログイン実績、アクセスログ等）の記録

　このように、システムログだけではなく、システム上ログが残らない、「書類・媒体等の持出しの記録」等についても、利用実績として記録することが例示されています。
　この②の記録の例が、**サンプルNo.12**です。

**サンプルNo.12** 特定個人情報 持出記録簿

## 特定個人情報 持出記録簿

| 持ち出した特定個人情報 | 方法・媒体 | 持出年月日 | 持出者署名・印 | 受取年月日 | 受取者（署名・印） |
|---|---|---|---|---|---|
| 2016年4月入社の営業1課従業員10名の個人番号・氏名・住所 | 書面 | 2016年4月15日 | 総務部甲野太郎㊞ | 2016年4月16日 | 経理部乙山次郎㊞ |
| 源泉徴収票（従業員・扶養親族等の個人番号・氏名・住所）1,500件 | 光ディスク | 2017年1月20日 | 総務部甲野太郎㊞ | 2017年1月20日 | ○○税務署 |
|  |  |  |  |  |  |
|  |  |  |  |  |  |
|  |  |  |  |  |  |
|  |  |  |  |  |  |
|  |  |  |  |  |  |

【筆者注】本サンプルは、今後の番号法ガイドラインQ&Aの追加・変更等により変更される可能性がある点にご留意下さい。

　このように、持ち出した者が何を持ち出したかを記録して署名・押印し、受け取った者が確認して署名・押印する文書等の授受の記録を残しておけば、書類等の紛失・盗難の防止に役立ちます。
　このほか、前記例示の①及び⑤はシステムログで、③はシステムログ及び後述する取扱台帳で、④は委託契約でカバーすることを想定しています。

## 2 特定個人情報取扱台帳

　また、「c　取扱状況を確認する手段の整備」も義務になっています

(中小規模事業者にとっては義務ではありません)。この「手段」とは、個人情報保護法のガイドラインにおける「個人データ取扱台帳」と同様のものです。したがって、現在、取扱台帳を整備している企業はそれを利用すればよいことになりますが、取扱台帳がない企業はこれを整備する必要があります。

　この取扱台帳に記録する事項は、番号法ガイドライン上、以下の5項目が例示されています。

----
≪手法の例示≫
* 取扱状況を確認するための記録等としては、次に掲げるものが挙げられる。
  - 特定個人情報ファイルの種類、名称
  - 責任者、取扱部署
  - 利用目的
  - 削除・廃棄状況
  - アクセス権を有する者
----

　また、経済産業分野ガイドラインでは、以下が個人データ取扱台帳に記載する項目として望まれるとされています。

----
- 取得する項目
- 明示・公表等を行った利用目的
- 保管場所、保管方法
- アクセス権限を有する者
- 利用期限
- その他個人データの適正な取扱いに必要な情報
----

　この番号法ガイドラインと経済産業分野ガイドラインに記載された項目を含む取扱台帳の例が、**サンプルNo.13**です。

　このような取扱台帳を表計算ソフト等で作成し、管理することになります。

**サンプルNo.13** 特定個人情報取扱台帳

特定個人情報

| No. | 特定個人情報ファイルの種類・名称 | 媒体 | 対象者 | 個人情報の項目 | 要配慮個人情報＊ | 利用目的 | 取得方法 | 入力方法 |
|---|---|---|---|---|---|---|---|---|
| 1 | 従業員マスタ | データベース | 従業員配偶者扶養親族 | 氏名、住所、生年月日、電話番号、入社年月日、所属部署、役職、資格 | 無 | ・源泉徴収票作成事務<br>・健康保険・厚生年金保険届出事務<br>・雇用保険届出事務<br>・… | 入社手続時<br>異動届出時 | 人事担当者が入力 |
| 2 | 通知カード写し | 紙 | 従業員 | 氏名、住所、性別、生年月日 | 無 | （番号確認書類として受領） | 入社手続時<br>個人番号変更時 | 人事担当者がファイリング |
| 3 | 扶養控除等（異動）申告書 | 紙 | 従業員配偶者扶養親族 | 氏名、住所 | 無 | ・源泉徴収票作成事務<br>・健康保険・厚生年金保険届出事務<br>・雇用保険届出事務<br>・… | 入社手続時<br>異動届出時 | 経理担当者がファイリング |
| 4 | 取引先マスタ | データベース | 取引先 | 氏名、住所、電話番号、メールアドレス | 無 | ・支払調書作成事務 | 取引開始時 | 総務担当者が入力 |
|  |  |  |  |  |  |  |  |  |
|  |  |  |  |  |  |  |  |  |

＊個人情報保護法改正案の中で定義された、本人に対する不当な差別または偏見が生じないようにそ受けた事実及び前科・前歴）が含まれる個人情報をいいます。

【筆者注】本サンプルは、今後の番号法ガイドラインQ&A追加・変更等により変更される可能性が

## 取扱台帳

| 件数 | 責任者 | 取扱部署 | アクセス権を有する者 | 保管場所保管方法 | 委託先 | 保存期間 | 削除・廃棄状況 |
|---|---|---|---|---|---|---|---|
| 1,500件（累積） | 人事部長 | 人事部・経理部・総務部・システム部 | ・特定個人情報取扱責任者<br>・人事部・経理部・総務部の事務取扱担当者<br>・システム部 | ― | ○○ITサービス株式会社［クラウドサービスのベンダ］ | 退社後7年間 | 2024年3月16日：2016年退職者の情報削除<br>2025年3月14日：2017年退職者の情報削除 |
| 1,500件（累積） | 人事部長 | 人事部 | ・特定個人情報取扱責任者<br>・人事部・経理部・総務部の事務取扱担当者 | 人事部キャビネット | ― | 退社後7年間 | 2024年3月16日：2016年退職者分を廃棄（シュレッダー）<br>2025年3月14日：2017年退職者分を廃棄（シュレッダー） |
| 1,500件（累積） | 経理部長 | 経理部 | ・特定個人情報取扱責任者<br>・経理部の事務取扱担当者 | 経理部キャビネット | ― | 翌年1月10日の翌日から7年間 | 2024年3月16日：2016年分を廃棄（シュレッダー）<br>2025年3月14日：2017年分を廃棄（シュレッダー） |
| 60件（累積） | 総務部長 | 総務部・経理部 | ・特定個人情報取扱責任者<br>・総務部・経理部の事務取扱担当者<br>・システム部 | 4階サーバルーム | ― | 取引終了後7年間 | 2023年3月16日：2016年以後に支払調書の作成がない取引先の情報削除<br>2024年3月14日：2017年以後に支払調書の作成がない取引先の情報削除 |
|  |  |  |  |  |  |  |  |
|  |  |  |  |  |  |  |  |

の取扱いについて特に配慮を要する記述等（例：本人の人種、信条、社会的身分、病歴、犯罪被害をある点にご留意下さい。

このサンプルは、番号法ガイドラインが例示している5項目よりも記録する項目が多くなっています。最低限の対応としては、上記5項目のみの台帳とすることが考えられます。

## 3 特定個人情報等の取扱状況のわかる記録
### （中小規模事業者）

　中小規模事業者においては、「ｂ　取扱規程等に基づく運用」及び「ｃ　取扱状況を確認する手段の整備」をあわせて、「特定個人情報等の取扱状況の分かる記録を保存する」ことが求められています。

　この点について、番号法ガイドラインQ&Aにおいて以下のとおり記載されています。

> Q14－2　「ｂ　取扱規程等に基づく運用」及び「ｃ　取扱状況を確認する手段の整備」の【中小規模事業者における対応方法】における「取扱状況の分かる記録を保存する」とは、どのように考えることが適切ですか。
> A14－2　「取扱状況の分かる記録を保存する」とは、例えば、以下の方法が考えられます。
> ・業務日誌等において、例えば、特定個人情報等の入手・廃棄、源泉徴収票の作成日、本人への交付日、税務署への提出日等の、特定個人情報等の取扱い状況を記録する。
> ・取扱規程、事務リスト等に基づくチェックリストを利用して事務を行い、その記入済みのチェックリストを保存する

　すなわち、システムログまでは必要なく、例えば**業務日誌**等により、**誰がどの特定個人情報をどのように取り扱ったのかを記録しておくこと**などでかまわないとされています。

　このための「取扱状況管理簿」の例が、**サンプルNo.14**です。

**サンプルNo.14** 個人番号・特定個人情報の取扱状況管理簿（中小規模事業者）

## 個人番号・特定個人情報の取扱状況管理簿

### 1．特定個人情報の入手・廃棄

| 入手日 | 入手した特定個人情報 | 入手方法・媒体 | 入手者 | 保管場所 | 廃棄 |
|---|---|---|---|---|---|
| 2016年4月1日 | 新入社員5名の個人番号、氏名、住所、生年月日 | 平成28年分　給与所得者の扶養控除等（異動）申告書 | 経理部 甲野太郎 | 経理部キャビネット | 2024年12月25日 |
|  |  |  |  |  |  |
|  |  |  |  |  |  |

### 2．帳票作成・交付・提出等

| 作成日 | 帳票名・数 | 本人への交付日 | 提出先 | 提出日 | 提出者 |
|---|---|---|---|---|---|
| 2017年1月25日 | 源泉徴収票150通 | 2017年1月27日 | ○○税務署 | 2017年1月27日 | 経理部 甲野太郎 |
|  |  |  |  |  |  |
|  |  |  |  |  |  |

【筆者注】本サンプルは、今後の番号法ガイドラインQ&Aの追加・変更等により変更される可能性がある点にご留意下さい。

## 第5節 人的安全管理措置
### （従業員に対する監督・教育）

## 1 就業規則

　前記第3節2[9]3（102ページ）で述べたとおり、会社は**事務取扱担当者に対する監督・教育の義務**があります。

　また、事務取扱担当者以外の従業員に対しても、情報管理体制の一貫として監督・教育を行うことが望ましいといえます。

　さらに、情報管理のみならず、会社に対して個人番号の提供を行うことにも強制力を持たせるために社内規程を整備することも考えられます。

　その端的な方法が、就業規則に上記の点を規定しておくことです。

### [1] 個人番号の提供及び本人確認書類の提出を義務づける規定

　第2章第1節1[2]2（26ページ）で述べたとおり、マイナンバー法では、民間企業が行政機関等に提出する書類に従業員の個人番号を記載することが義務づけられています。しかし、従業員からすると、個人番号を提供しなかったとしても法的な罰則等がないため、従業員が個人番号の提供を拒んでしまい、個人番号の収集に支障が生じるという事態もあり得ることになります。そこで、従業員からの個人番号の取得を確実かつ円滑に実施するため、**就業規則であらかじめ個人番号の提供を義務づけておく**ことが考えられます。

　従業員が会社に書類を提出することを義務づけることの可否について

は、就業規則で住民票記載事項証明書を提出させることに関して、それが必要となった時点で、その具体的必要性に応じて、使用目的を十分に説明の上で提供を求めれば、企業が提供を義務づけることも許されるものと考えられています。

> **Check!** なお、住民票自体の提出を求めるのではなく、住民票記載事項証明書によって、必要な範囲に限って情報提供を求めるべきであるとされています。

これと同様に、マイナンバー法上で法的義務とされている本人確認のために提示を受けることが必要である個人番号カード、通知カードまたは個人番号が記載された住民票の写し等の提供を義務づけることも、同様に認められるものと考えられます。

具体的には、**サンプルNo.15**のとおりの規定を設けることが考えられます（下線部分が、一般的な就業規則からの変更点です）。

#### サンプルNo.15　就業規則（提出書類）

（提出書類）
第○条　従業員に採用された者は、採用日から2週間以内に、次の書類を会社に提出しなければならない。
① 　入社誓約書
② 　身元保証書
③ 　住民票記載事項証明書
④ 　職歴のある者にあっては、年金手帳及び雇用保険被保険者証
⑤ 　行政手続における特定の個人を識別するための番号の利用等に関する法律（平成25年5月31日法律第27号）第16条及び関係法令が定める本人確認の措置として提示すべき書類
⑥ 　その他会社が指定するもの
2　前項の提出書類の記載事項に変更を生じたときは、速やかに、書面で会社に届け出なければならない。

【筆者注】本サンプルは、今後の番号法ガイドラインQ&Aの追加・変更等により変更される可能性がある点にご留意下さい。

第5節　人的安全管理措置（従業員に対する監督・教育）　135

なお、本サンプルにおいては、③において住民票記載事項証明書の提出を求めています。
　この場合、一般的には、雇用契約成立後に既存の従業員から対面で提出を受ける（「知覚すること」ができる）のであれば、身元（実在）確認の書類として運転免許証やパスポートの提示を別途受ける必要はないものと考えられます。

> **Check!** 　国税庁告示8－1にいう「雇用契約成立時等に本人であることの確認を行っている雇用関係その他これに準ずる関係にある者であって、知覚すること等により、（略）個人番号の提供を行う者が本人であること（略）が明らかな場合」とは、マイナンバー法または税法における本人確認のレベルであるとされています。
> 　ここで、旧所得税法施行令337条2項1号は、金融機関等に告知する際の本人確認書類を定めたものですが、「個人の住民票の写し、住民票の記載事項証明書、健康保険の被保険者証、国民年金手帳、運転免許証、在留カードその他の財務省令で定める書類」としています。
> 　したがって、別途運転免許証やパスポートのような顔写真付きの身分証明書で確認するか、別の顔写真なしの身分証明書等を2つ組み合わせることが望ましいとはいえますが、国税庁告示8－1の本人確認の場合には、住民票記載のみでも認められると考えられます。

　なお、③の住民票記載事項証明書と⑤の書類を兼ねることはできますが、個人番号が記載された⑤の書類はマイナンバー法の安全管理措置の対象となる（例えば廃棄の義務の対象となる）ため、人事部門での書類管理等の実務を考えると、③と⑤は分けて**提出を受けて別に保管しておく**ことが実務的であるケースが多いと考えられます。

## ［2］秘密保持に関する事項についての規定

　前記第3節[2]［9］[3]（102ページ）で既述のとおり、番号法ガイドラインでは、人的安全管理措置として、以下が義務であるとされています。

|   | 項　目 | 内　容 | 中小規模事業者の場合 |
|---|---|---|---|
| a | 事務取扱担当者の監督 | 事業者は、特定個人情報等が取扱規程等に基づき適正に取り扱われるよう、事務取扱担当者に対して必要かつ適切な監督を行う。 | （軽減措置なし） |
| b | 事務取扱担当者の教育 | 事業者は、事務取扱担当者に、特定個人情報等の適正な取扱いを周知徹底するとともに適切な教育を行う。 | （軽減措置なし） |

　これに関し、番号法ガイドラインは、事務取扱担当者の監督及び教育の手法の例示として、「特定個人情報等についての秘密保持に関する事項を就業規則等に盛り込むことが考えられる。」としています（番号法ガイドライン（別添）②D）。
　この場合の文言が**サンプルNo.16**です（下線部分が、一般的な就業規則からの変更点です）。

**サンプルNo.16**　就業規則（秘密保持）

（秘密保持）
第○条　社員は、職務上知り得た以下の情報について、会社の許可なく、いかなる方法を持ってしても開示、漏えいまたは使用しないものとする。なお、このことは、社員が会社及びその関連会社の中で異動した場合、また社員が会社を退職した後も同様とする。
① 　個人情報及び個人番号
② 　経営、人事、業務、マーケティング、製品開発、研究、製造、営業に関する情報
③ 　顧客の信用に関する情報
④ 　上記のほか、会社が機密情報として管理し、また機密として指定した情報
2　在職中に社員が預かる書類、図面、写真、サンプル等の各種資料及び

> パソコン、CD-ROM等資料の記録媒体は厳重に保管し、会社の了承なしに複写・複製しないものとする。また、これら各種資料は、会社を退職する場合には直ちに返還するものとする。

【筆者注】本サンプルは、今後の番号法ガイドラインQ&Aの追加・変更等により変更される可能性がある点にご留意下さい。

## 2 非開示契約

　以上のとおり、番号法ガイドラインにおいては、「秘密保持に関する事項を就業規則等に盛り込むこと」が例示されているにとどまっていますが、経済産業分野ガイドライン及び「金融分野における個人情報保護に関するガイドライン」（2013年3月19日金融庁告示第11号）（以下「金融分野ガイドライン」といいます）においては、従業者との間の**非開示契約の締結等**が人的安全管理措置として**義務となっています**。

　したがって、個人情報取扱事業者は、個別の雇用契約等において非開示条項を定め、または非開示契約を締結することが必要になります（金融分野の事業者以外は、就業規則に盛り込むことでもよいとされています）。

　この非開示契約の例が、**サンプルNo.17**です。

**サンプルNo.17** 非開示契約(誓約書)

非開示に関する誓約書

○○株式会社
代表取締役　□□□□殿

　私は、貴社において職務に従事するにあたり、下記事項を遵守することを誓約いたします。

第1条(秘密保持)
　　私は、職務上知り得た個人番号及び特定個人情報(以下「特定個人情報等」という)について、貴社の事前の承諾がない限り、いかなる場合もいかなる方法をもってしても、第三者に開示、漏えい若しくは使用しません。

第2条(社内規程の遵守)
　　私は、貴社で扱っている特定個人情報等の重要性について認識したうえで、貴社の就業規則、特定個人情報保護規程等の社内規程を遵守します。

第3条(特定個人情報等の使用)
　　私は、貴社の保有する特定個人情報等を貴社の職務上必要がある場合にのみ使用し、それ以外の目的で使用いたしません。

第4条(複製・複写・持ち出し)
1　私は、貴社の職務に従事する間に取り扱った特定個人情報等、若しくは特定個人情報等が記載又は記録された書類、図面、写真、サンプル等の各種資料及びパソコン、CD-ROM等資料の記録媒体(以下「記録媒体等」という)について、これらを厳重に保管し、貴社の事前の承諾なく複製又は複写せず、社外に持ち出しません。
2　私は、貴社の承諾を得て特定個人情報等及び記録媒体等を複写又は複製した場合、その目的を達するか、又は貴社の指示があった時点で返還

又は消去します。

#### 第5条（退職時及び退職後の義務）
1　私は、貴社を退職する際、保有・管理している一切の特定個人情報等及び記録媒体等（貴社の承諾を得て複写又は複製したものを含む）を、貴社の指示に従い、すべて返還又は消去します。
2　私は、貴社を退職した後も、貴社の特定個人情報等を第三者に開示、漏えい又は使用しません。

#### 第6条（損害賠償・懲戒処分）
　私は、本誓約条項に違反した場合には、これにより貴社が被った損害を賠償します。また、貴社就業規則第○条に従って、懲戒処分を受けることに異議を申し立てません。

　　　　　　　　　　　　　　　　　　　　　　　　年　　月　　日

　　　　　　　　住　所
　　　　　　　　氏　名

【筆者注】本サンプルは、今後の番号法ガイドライン Q&A の追加・変更等により変更される可能性がある点にご留意下さい。

## 第6節 物理的安全管理措置と技術的安全管理措置

### 1 物理的安全管理措置

物理的安全管理措置としては、以下を講じる必要があります。

その詳細は、前記第3節 2 [9] 4 (103ページ) を参照して下さい。

|   | 項　目 | 内　容 | 中小規模事業者の場合 |
|---|---|---|---|
| a | 特定個人情報等を取り扱う区域の管理 | 特定個人情報等の情報漏えい等を防止するために、特定個人情報ファイルを取り扱う情報システムを管理する区域（「<u>管理区域</u>」）及び特定個人情報等を取り扱う事務を実施する区域（「<u>取扱区域</u>」）を明確にし、物理的な安全管理措置を講ずる | （軽減措置なし） |
| b | 機器及び電子媒体等の盗難等の防止 | 管理区域及び取扱区域における特定個人情報等を取り扱う<u>機器、電子媒体及び書類等の盗難または紛失等</u>を防止するために、物理的な安全管理措置を講ずる | （軽減措置なし） |
| c | 電子媒体等を持ち出す場合の漏えい等の防止 | 特定個人情報等が記録された電子媒体または書類等を持ち出す場合、容易に個人番号が判明しない措置の実施、追跡可能な移送手段の利用等、安全な方策を講ずる | 特定個人情報等が記録された電子媒体または書類等を持ち出す場合、パスワードの設定、封筒に封入し鞄に入れて搬送する等、紛 |

第6節　物理的安全管理措置と技術的安全管理措置　141

| | | | |
|---|---|---|---|
| | | | 失・盗難等を防ぐための安全な方策を講ずる。 |
| d | 個人番号の削除、機器及び電子媒体等の廃棄 | ・個人番号関係事務または個人番号利用事務を行う必要がなくなった場合で、所管法令等において定められている保存期間等を経過した場合には、個人番号をできるだけ速やかに<u>復元できない手段</u>で<u>削除</u>または<u>廃棄</u>する | （軽減措置なし） |
| | | ・個人番号もしくは特定個人情報ファイルを削除した場合、または電子媒体等を廃棄した場合には、<u>削除</u>または<u>廃棄</u><u>した記録</u>を<u>保存</u>する。また、これらの作業を委託する場合には、<u>委託先が確実に削除または廃棄したことについて、証明書等</u>により確認する。 | 特定個人情報等を削除・廃棄したことを、責任ある立場の者が確認する |

## 2 技術的安全管理措置

技術的安全管理措置としては、以下の措置を講じなければならないとされています。

詳細は、前記第3節2 [9] 5 (106ページ) を参照して下さい。

|   | 項目 | 内容 | 中小規模事業者の場合 |
|---|---|---|---|
| a | アクセス制御 | 情報システムを使用して個人番号関係事務または個人番号利用事務を行う場合、事務取扱担当者及び当該事務で取り扱う特定個人情報ファイルの範囲を限定するために、適切なアクセス制御を行う。 | ・特定個人情報等を取り扱う機器を特定し、その機器を取り扱う事務取扱担当者を限定することが望ましい。<br>・機器に標準装備されているユーザー制御機能（ユーザーアカウント制御）により、情報システムを取り扱う事務取扱担当者を限定することが望ましい。 |
| b | アクセス者の識別と認証 | 特定個人情報等を取り扱う情報システムは、事務取扱担当者が正当なアクセス権を有する者であることを、識別した結果に基づき認証する。 | |
| c | 外部からの不正アクセス等の防止 | 情報システムを外部からの不正アクセスまたは不正ソフトウェアから保護する仕組みを導入し、適切に運用する。 | （軽減措置なし） |
| d | 情報漏えい等の防止 | 特定個人情報等をインターネット等により外部に送信する場合、通信経路における情報漏えい等を防止するための措置を講ずる。 | （軽減措置なし） |

# 第4章

# 個人番号の委託の場面で使用する書式

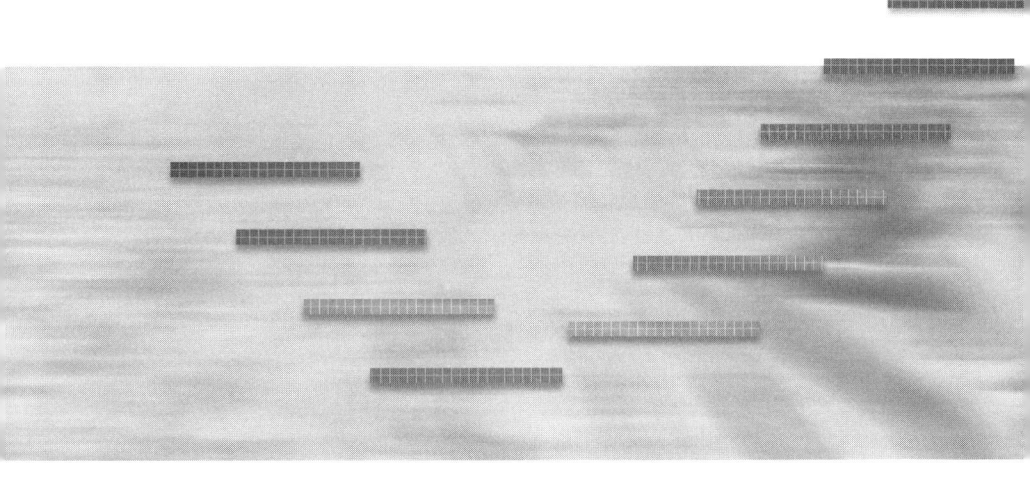

## 第1節 番号法ガイドラインによる規制

### 1 「必要かつ適切な監督」とは

　民間企業（個人番号関係事務実施者）は、個人番号の取扱いを**第三者に委託する**ことができます（法9条3項）。

　例えば、グループ企業内で、子会社の従業員の個人番号の取扱いを親会社に委託したり、外部の税理士事務所や社会保険労務士事務所に帳票の作成を委託したりすることができます。また、ITベンダの個人番号の収集サービスを利用するケースなども委託に当たります。

　このように「委託」をする場合には、「当該委託に係る個人番号利用事務等において取り扱う特定個人情報の安全管理が図られるよう、当該委託を受けた者に対する必要かつ適切な監督を行わなければならない」とされています（法11条）。

　ここでいう**「必要かつ適切な監督」**とは何かを、番号法ガイドラインが定めています。

　番号法ガイドラインは、この点について「『委託を受けた者』において、番号法に基づき委託者自らが果たすべき安全管理措置と同等の措置が講じられるよう必要かつ適切な監督を行わなければならない」とし、「必要かつ適切な監督」には、以下が含まれるとしています。

> ① 委託先の適切な選定
> ② 委託先に安全管理措置を遵守させるために必要な契約の締結
> ③ 委託先における特定個人情報の取扱状況の把握

## 2 委託先の適切な選定

　委託先の適切な選定として、番号法ガイドラインは、以下のとおり規定しています。

> 　委託先において、番号法に基づき委託者自らが果たすべき安全管理措置と同等の措置が講じられるか否かについて、あらかじめ確認しなければならない。具体的な確認事項としては、委託先の設備、技術水準、従業者に対する監督・教育の状況、その他委託先の経営環境等が挙げられる。

　この点については、実務的には、**プライバシーマーク**等の第三者認証を得ている委託先を選定することで義務を果たすことも考えられます。
　また、グループ企業内で安全管理措置を一括して規定して遵守していれば、グループ企業内での委託については、改めて委託先の適切な選定のプロセスを経る必要はないと考えられます。
　なお、委託先の選定については、経済産業分野ガイドライン及び金融分野ガイドラインに詳細な規定があるため、注意が必要です。

## 3 委託先に安全管理措置を遵守させるために必要な契約の締結

　番号法ガイドライン上、委託契約の締結については、契約の内容として以下が必要であるとされています。

【義務的】
① 秘密保持義務
② 事業所内からの特定個人情報の持出しの禁止
③ 特定個人情報の目的外利用の禁止
④ 再委託における条件
⑤ 漏えい事案等が発生した場合の委託先の責任
⑥ 委託契約終了後の特定個人情報の返却または廃棄
⑦ 従業者に対する監督・教育
⑧ 契約内容の遵守状況について報告を求める規定　等
【任意（「望ましい」）】
⑨ 特定個人情報を取り扱う従業者の明確化
⑩ 委託者が委託先に対して実地の調査を行うことができる規定　等

## 4 委託先における特定個人情報の取扱状況の把握

　番号法ガイドライン上、取扱状況の把握が求められていますが、これは前記の契約条項の⑧または⑩で果たすことが実務的であると考えられます。

## 第2節 委託契約

### 1 サンプルの契約構造

本サンプルは、業務委託を行う契約（「原契約」といいます）そのものとは別に、特定個人情報の取扱いについてのみ別途合意する契約となっています。

第1条は、そのことを規定しています。

(本契約の適用範囲)
第1条　本契約は、下記の契約（以下、「原契約」という。）に基づき甲が乙に委託する業務のうち、第3条に定める特定個人情報を取り扱う業務（以下、「本件業務」という。）について、乙において安全管理措置を遵守するための義務等を定めることを目的とする。

記

業務委託契約書（契約締結日：〇年〇月〇日、契約書番号：〇〇）
以上

### 2 秘密保持義務

番号法ガイドラインは、契約内容として秘密保持義務を課すことを義務であるとしています。このことは第4条に定めています。

(秘密保持義務)
第4条　乙は、本件業務の遂行にあたり甲から取扱いを委託された特定個人情報（以下、「本件特定個人情報」という。）を、甲の書面による事前の承諾を得ることなく、本件業務遂行以外の目的で、利用、複写若しくは複製、又は加工してはならない。
2　乙は、第8条により甲が許諾した再委託先に提供する場合及び本件業務における個人番号関係事務を処理するために必要がある場合を除き、本件特定個人情報を他に提供し又は漏えいしてはならない。

## 3 事業所内からの特定個人情報の持出しの禁止

番号法ガイドラインは、契約内容として、事業所内からの特定個人情報の持出しを禁止するよう求めています。このことを定めたのが第5条です。

(持出しの禁止)
第5条　乙は、本件特定個人情報を、本件業務における個人番号関係事務を処理するために必要がある場合を除き、甲の書面による事前の承諾を得ることなく、乙の事業所内から持ち出してはならない。

ただし、個人番号関係事務を処理するために必要な場合には持ち出すことができるよう定めています。例えば、税理士事務所、社会保険労務士事務所が行政機関等に帳票を提出するために持ち出すことは、当然に予定されているためです。

## 4 特定個人情報の目的外利用の禁止

番号法ガイドラインは、契約内容として、特定個人情報の目的外利用

の禁止を定めるよう求めています。このことを定めたのが第 6 条です。

> （目的外利用の禁止）
> 第 6 条　乙は、本件特定個人情報を、本件業務の目的以外の目的に利用してはならない。

## 5 再委託における条件

　番号法ガイドラインは、契約内容として、再委託における条件を定めるよう求めています。

　再委託については、マイナンバー法上、委託者の許諾が必要であるとされています。再々委託以降も同様で、最初の委託者の許諾が必要であるとされています。

　この再委託は、再委託を行おうとする時点でその許諾を求めるのが原則であるとされています。そのため、サンプルでは、以下のとおり定めています。

【契約締結時に再委託の予定がない場合】

> （再委託）
> 第 8 条　乙は、本件業務の遂行上、本件特定個人情報の取扱いの全部又は一部を第三者（以下、「再委託先」という。）に委託（以下、「再委託」という。）する場合には、甲に対し、再委託する旨、再委託先の名称及び住所を事前に書面により通知し、甲の書面による許諾を得るものとする。
> 2　乙は、再委託する場合、再委託先に対して、第 7 条に定める安全管理措置その他の本契約に定める乙の義務と同等の義務を課すとともに、必要かつ適切な監督を行わなければならない。

　もっとも、ガイドライン上、以下の条件の下に、あらかじめ許諾することも可能であるとされています（番号法ガイドライン Q&A「Q 3 − 9」）。

> 　再委託を行おうとする時点でその許諾を求めるのが原則です。その際、再委託先が特定個人情報を保護するための十分な措置を講じているかを確認する必要があります。
> 　しかしながら、委託契約の締結時点において、
> ①　再委託先となる可能性のある業者が具体的に特定されるとともに、
> ②　適切な資料等に基づいて当該業者が特定個人情報を保護するための十分な措置を講ずる能力があることが確認され、
> ③　実際に再委託が行われたときは、必要に応じて、委託者に対してその旨の報告をし、
> ④　再委託の状況について委託先が委託者に対して定期的に報告するとの合意がなされている
> 場合には、あらかじめ再委託の許諾を得ることもできると解されます。

　これに基づけば、委託する可能性がある場合には、以下の条項に基づいてあらかじめ許諾を受けておくことが可能になります。

【再委託するか否かは未定であるが可能性がある場合】

> （再委託）
> 第8条　甲は、乙が本件特定個人情報の取扱いの全部又は一部を下記の者（以下、「再委託先」という。）に委託（以下、「再委託」という。）することについて、あらかじめ許諾する。
> 
> 　　　　　　　　　　　　　記
> 
> 　名称：○○株式会社
> 　住所：
> 　　　　　　　　　　　　　　　　　　　　　　　　　以上
> 2　甲及び乙は、乙が、甲に対し、再委託先が本件特定個人情報を保護するために十分な措置を講じる能力があることを説明する資料を提供し、甲がその内容を確認したことを確認する。
> 3　乙は、再委託する際には、再委託先に対して、第7条に定める安全管

>   理措置その他の本契約に定める乙の義務と同等の義務を課すとともに、必要かつ適切な監督を行わなければならない。
> 4　乙は、再委託先に再委託をした際には、甲に対し速やかにその旨を報告するものとし、再委託から１年が経過するごとに甲に対し再委託の状況について報告するものとする。

　また、以上に基づけば、実際に再委託を行うことが決まっており、本契約書をもって許諾をする場合には、以下のとおりの条項が考えられます。

【再委託をすることが決まっており、本契約書をもって許諾する場合】

> （再委託）
> 第８条　甲は、乙が本件特定個人情報の取扱いの全部又は一部を下記の者（以下、「再委託先」という。）に委託（以下、「再委託」という。）することを許諾する。
>
> 　　　　　　　　　　　　　記
>
> 　名称：〇〇株式会社
> 　住所：
>
> 　　　　　　　　　　　　　　　　　　　　　　　　　　　　以上
> 2　甲及び乙は、乙が、甲に対し、再委託先が本件特定個人情報を保護するために十分な措置を講じる能力があることを説明する資料を提供し、甲がその内容を確認したことを確認する。
> 3　乙は、再委託先に対して、第７条に定める安全管理措置その他の本契約に定める乙の義務と同等の義務を課すとともに、必要かつ適切な監督を行わなければならない。
> 4　乙は、甲に対し、本契約締結日から１年が経過するごとに、再委託の状況について報告するものとする。

## 6 漏えい事案等が発生した場合の委託先の責任

　番号法ガイドラインは、契約内容として、漏えい事案等が発生した場合の委託先の責任を定めるよう求めています。このことを定めたのが第9条・第10条です。

> （漏えい事案等の発生時の対応）
> 第９条　乙は、本件特定個人情報の漏えい等の事案が発生し、又は発生したおそれがある場合には、直ちに甲に報告するものとする。このとき、甲及び乙は、事故の拡大又は再発を防止するために合理的に必要と認められる措置を講じなければならない。
> 2　前項の場合において、甲及び乙が講ずべき措置については、安全管理措置の実施状況、事案によって本人が被る権利利益の侵害の状況、事案の内容及び規模等に鑑み、甲乙協議の上定めるものとする。
>
> （損害賠償）
> 第10条　乙は、自己の責に帰すべき事由により、本件特定個人情報の漏えい等の事故が発生し、甲に損害が生じた場合、［原契約に従って］［乙の本契約に違反する行為の直接の結果として現実に生じた通常の損害に限り、損害発生の原因となった本件業務の対価を上限として、］これを賠償する責任を負うものとする。

　漏えい等が発生した場合の責任としては、以上のとおり、漏えいした際の対応をあらかじめ定めて初動体制を整えるとともに、第10条で損害賠償義務を定めています。

　なお、第10条の損害賠償義務については、原契約において定めているのが一般的であると思われますので、その場合には原契約に委ねる条項とします。

## 7 委託契約終了後の特定個人情報の返却または廃棄

　番号法ガイドラインは、契約内容として、委託契約終了後の特定個人情報の返却または廃棄を定めるよう求めています。このことを定めたのが第11条です。

> （特定個人情報の返却・廃棄）
> 第11条　乙は、本件業務が終了したとき、又は甲の求めがあるときにはいつでも、甲の指示に従い、本件特定個人情報（その複製物及び複写物を含む）のすべてを甲に返却し、又は復元できない手段で廃棄若しくは削除しなければならない。
> 2　乙は、前項の廃棄又は削除について記録に残さなければならない。
> 3　乙が第１項の廃棄又は削除を行った場合、乙は、甲に対し、速やかに廃棄又は削除を行った旨の証明書を交付しなければならない。

　まず、第１項は、特定個人情報の返却、または廃棄もしくは削除を定めています。番号法ガイドラインは委託契約終了後の返却または廃棄を定めることを義務としていますが、契約が終了しなくても返却または廃棄を要求できる条項としています。

　次に、第２項・第３項で、廃棄または削除については、記録を残し、証明書の交付を求めています。

　これは、番号法ガイドラインが定める物理的安全管理措置として必要となる条項です。

　番号法ガイドラインの物理的安全管理措置では、「ｄ　個人番号の削除、機器及び電子媒体等の廃棄」として、以下を要求しています。

> 　個人番号若しくは特定個人情報ファイルを削除した場合、又は電子媒体等を廃棄した場合には、削除又は廃棄した記録を保存する。また、これらの作業を委託する場合には、委託先が確実に削除又は廃棄したことについ

> て、証明書等により確認する。

　ここでいう「これらの作業を委託する場合」とは、削除または廃棄の作業そのものを業者に委託する場合のみならず、個人番号関係事務そのものを委託している委託先が削除または廃棄する場合も含まれると解されます。
　したがって、本委託契約の委託先が削除または廃棄する場合には、これを記録した上で、それについて証明書を交付する義務を課しているものです。

## 8 従業者に対する監督・教育、特定個人情報を取り扱う従業者の明確化

　番号法ガイドラインは、契約内容として、従業者に対する監督・教育を定めることが義務であるとしています。
　また、特定個人情報を取り扱う従業者の明確化を定めることが望ましいとしています。
　このことを定めたのが第13条です。

> （従業者に対する監督・教育）
> 第13条　乙は、本件業務の遂行上、本件特定個人情報を取り扱う事務に従事する従業者（乙の組織内にあって直接間接に乙の指揮監督を受けて乙の業務に従事している者をいう。従業員、取締役、監査役、理事、監事、及び派遣社員等を含むがこれに限られない。以下、「事務取扱担当者」という。）の範囲を明確に［するものとし］［して甲に報告した上で］、事務取扱担当者に対して必要かつ適切な監督・教育を行わなければならない。
> 2　乙は、事務取扱担当者に対し、本件特定個人情報に関する秘密保持義

> 務を負わせるものとする。
> 3 乙は、事務取扱担当者が退職する場合、事務取扱担当者に対し、退職後の秘密保持義務に関する誓約書の提出を求める等、在任若しくは在職中に知り得た全ての本件特定個人情報の返還若しくは破棄を義務づけ、漏えい等を防止するために合理的に必要と認められる措置を講ずるものとする。

第1項は、「望ましい」とされている特定個人情報を取り扱う従業者の明確化を定めています。したがって、この本項を設けることは義務ではなく任意です。

第2項及び第3項は、義務であるとされている従業者に対する監督・教育の具体的内容を定めています。

## 9 契約内容の遵守状況について報告を求める規定等

番号法ガイドラインは、契約内容として、契約内容の遵守状況について報告を求める規定を定めることが義務であるとしています。このことを定めたのが第15条第1項です。

> (報告 [・実地調査])
> 第15条 乙は、甲に対し、本契約締結日から1年が経過するごとに、本契約内容の遵守状況について書面により報告しなければならない。

また、番号法ガイドラインは、委託者が委託先に対して実地の調査を行うことができる規定を盛り込むことが「望ましい」としています。これを定めているのが同条第2項〜第5項です。

【実地の調査を行うことができる規定を設ける場合】
> 2 甲は、安全管理措置の実施状況を確認するために必要な限度におい

> て、乙に対する書面による事前の通知により、実地の調査の受入れを求めることができる。この場合、乙は、事業の運営に支障が生ずるときその他の正当な理由がある場合を除き、甲の求めに応じるものとする。
> 3　前項の調査にあたり、乙は甲に対して、乙の営業秘密（不正競争防止法第2条第6項に定める営業秘密をいう。）に関する秘密保持義務等について定めた秘密保持契約の締結を求めることができるものとする。
> 4　甲は、第2項の調査のために乙の事業所等への入館が必要となる場合、乙所定の入退館等に関する規則に従うものとする。
> 5　乙は、甲による第2項の調査が通常の範囲を超えると判断するときは、甲乙協議の上、調査の受入れのために乙が要した費用を甲に請求することができるものとする。

　第2項～第5項は「望ましい」とされているのみですので、規定することは義務ではありません。実地調査をする場合にのみ規定すればよいものです。

## 10　その他の重要な条項

　以上の番号法ガイドラインが定めている条項以外に、サンプルでは、以下の条項を設けています。
　まず、委託契約は、「委託先に安全管理措置を遵守させるために必要な契約」であるため、安全管理措置そのものを定める条項を第7条においています。

> （安全管理措置）
> 第7条　乙は、本件業務の遂行にあたり、本件特定個人情報の漏えい、滅失又はき損（以下、「漏えい等」という。）の防止のために合理的と認められる範囲内で、組織的、人的、物理的及び技術的な安全管理のために必要かつ適切な措置（以下、「安全管理措置」という。）を講じなければならない。

> 2　甲及び乙は、甲が前項に定める安全管理措置の具体的内容を指定しようとする場合、本件業務の内容、規模及び対価を考慮し、協議を行うものとする。

次に、第12条で、委託先に求める組織的安全管理措置（人的安全管理措置）の一環として、責任者を定め、それを報告することを求めています。

> （責任者）
> 第12条　乙は、本件業務の遂行にあたり本件特定個人情報の取扱いに関する管理責任者を定め、甲に報告するものとする。

また、第14条で、本人に対する責任を定めています。

第１項は、委託者が委託している特定個人情報が適正に取得されたものであることを保証するなどしています。

第２項は、委託先が本人から開示請求を受けた場合等の対応を定めています。

> （本人に対する責任等）
> 第14条　甲は、本件特定個人情報が、適正に取得されたものであることを保証するとともに、乙に本件特定個人情報の取扱いを委託することについて本人に対して責任を負う。
> 2　乙は、本人から本件特定個人情報の開示、訂正、追加若しくは削除等の請求を受けた場合、又は行政機関、司法機関等、本人以外の第三者から本件特定個人情報の提供を要請された場合、速やかに甲に通知するものとする。この場合、乙は、本人又は本人以外の者の請求又は要請に直接応じる義務を負わず、甲が自己の費用と責任をもって対応するものとする。

**サンプルNo.18　特定個人情報の取扱いに関する委託契約書**

特定個人情報の取扱いに関する委託契約書

　〇〇株式会社【委託者】（以下、「甲」という。）と〇〇サービス株式会社【受託者】（以下、「乙」という。）は、甲が乙に特定個人情報の取扱いを委託することに関して、以下のとおり契約を締結する。本契約の証として、本契約書2通を作成の上、甲及び乙が記名押印の上、各自1通を保有する。

（本契約の適用範囲）
第1条　本契約は、下記の契約（以下、「原契約」という。）に基づき甲が乙に委託する業務のうち、第3条に定める特定個人情報を取り扱う業務（以下、「本件業務」という。）について、乙において安全管理措置を遵守するための義務等を定めることを目的とする。

記

　業務委託契約書（契約締結日：〇年〇月〇日、契約書番号：〇〇）
以上

（定義）
第2条　本契約における用語の定義は、次の各号に定めるところによる。
　(1) 個人情報
　　　生存する個人に関する情報であって、当該情報に含まれる氏名、生年月日その他の記述又は個人別に付された番号、記号その他の符号により当該個人を識別できるもの（当該情報のみでは識別できないが、他の情報と容易に照合することができ、それにより当該個人を識別できることとなるものを含む。）をいう。
　(2) 個人番号
　　　行政手続における特定の個人を識別するための番号の利用等に関する法律（以下、「番号法」という。）第2条第5項が定める住民票コードを変換して得られる番号であって、当該住民票コードが記載された

住民票に係る者を識別するために指定されるものをいう。
　(3)　特定個人情報
　　　個人番号（個人番号に対応し、当該個人番号に代わって用いられる番号、記号その他の符号であって、住民票コード以外のものを含む。）をその内容に含む個人情報をいう。
　(4)　本人
　　　個人番号によって識別され、又は識別され得る特定の個人をいう。
　(5)　個人番号関係事務
　　　番号法第9条第3項が定める個人番号を記載した書面の提出その他の他人の個人番号を利用した事務をいう。

(特定個人情報の取扱いの委託)
第3条　甲は、乙による本件業務の遂行上必要な最小限度において、特定個人情報の取扱いを乙に委託するものとする。

(秘密保持義務)
第4条　乙は、本件業務の遂行にあたり甲から取扱いを委託された特定個人情報（以下、「本件特定個人情報」という。）を、甲の書面による事前の承諾を得ることなく、本件業務遂行以外の目的で、利用、複写若しくは複製、又は加工してはならない。
2　乙は、第8条により甲が許諾した再委託先に提供する場合及び本件業務における個人番号関係事務を処理するために必要がある場合を除き、本件特定個人情報を他に提供し又は漏えいしてはならない。

(持出しの禁止)
第5条　乙は、本件特定個人情報を、本件業務における個人番号関係事務を処理するために必要がある場合を除き、甲の書面による事前の承諾を得ることなく、乙の事業所内から持ち出してはならない。

(目的外利用の禁止)
第6条　乙は、本件特定個人情報を、本件業務の目的以外の目的に利用してはならない。

(安全管理措置)
第7条　乙は、本件業務の遂行にあたり、本件特定個人情報の漏えい、滅失又はき損（以下、「漏えい等」という。）の防止のために合理的と認められる範囲内で、組織的、人的、物理的及び技術的な安全管理のために必要かつ適切な措置（以下、「安全管理措置」という。）を講じなければならない。
2　甲及び乙は、甲が前項に定める安全管理措置の具体的内容を指定しようとする場合、本件業務の内容、規模及び対価を考慮し、協議を行うものとする。

【契約締結時に再委託の予定がない場合】
(再委託)
第8条　乙は、本件業務の遂行上、本件特定個人情報の取扱いの全部又は一部を第三者（以下、「再委託先」という。）に委託（以下、「再委託」という。）する場合には、甲に対し、再委託する旨、再委託先の名称及び住所を事前に書面により通知し、甲の書面による許諾を得るものとする。
2　乙は、再委託する場合、再委託先に対して、第7条に定める安全管理措置その他の本契約に定める乙の義務と同等の義務を課すとともに、必要かつ適切な監督を行わなければならない。

【再委託するか否かは未定であるが可能性がある場合】
(再委託)
第8条　甲は、乙が本件特定個人情報の取扱いの全部又は一部を下記の者（以下、「再委託先」という。）に委託（以下、「再委託」という。）することについて、あらかじめ許諾する。

記

　　名称：○○株式会社
　　住所：

以上

2　甲及び乙は、乙が、甲に対し、再委託先が本件特定個人情報を保護

するために十分な措置を講じる能力があることを説明する資料を提供し、甲がその内容を確認したことを確認する。
3　乙は、再委託する際には、再委託先に対して、第7条に定める安全管理措置その他の本契約に定める乙の義務と同等の義務を課すとともに、必要かつ適切な監督を行わなければならない。
4　乙は、再委託先に再委託をした際には、甲に対し速やかにその旨を報告するものとし、再委託から1年が経過するごとに甲に対し再委託の状況について報告するものとする。

【再委託をすることが決まっており、本契約書をもって許諾する場合】

(再委託)
第8条　甲は、乙が本件特定個人情報の取扱いの全部又は一部を下記の者（以下、「再委託先」という。）に委託（以下、「再委託」という。）することを許諾する。

記

　　名称：○○株式会社
　　住所：

以上

2　甲及び乙は、乙が、甲に対し、再委託先が本件特定個人情報を保護するために十分な措置を講じる能力があることを説明する資料を提供し、甲がその内容を確認したことを確認する。
3　乙は、再委託先に対して、第7条に定める安全管理措置その他の本契約に定める乙の義務と同等の義務を課すとともに、必要かつ適切な監督を行わなければならない。
4　乙は、甲に対し、本契約締結日から1年が経過するごとに、再委託の状況について報告するものとする。

(漏えい事案等の発生時の対応)
第9条　乙は、本件特定個人情報の漏えい等の事案が発生し、又は発生したおそれがある場合には、直ちに甲に報告するものとする。このとき、甲及び乙は、事故の拡大又は再発を防止するために合理的に必要と認め

られる措置を講じなければならない。
2　前項の場合において、甲及び乙が講ずべき措置については、安全管理措置の実施状況、事案によって本人が被る権利利益の侵害の状況、事案の内容及び規模等に鑑み、甲乙協議の上定めるものとする。

(損害賠償)
第10条　乙は、自己の責に帰すべき事由により、本件特定個人情報の漏えい等の事故が発生し、甲に損害が生じた場合、[原契約に従って][乙の本契約に違反する行為の直接の結果として現実に生じた通常の損害に限り、損害発生の原因となった本件業務の対価を上限として、]これを賠償する責任を負うものとする。

(特定個人情報の返却・廃棄)
第11条　乙は、本件業務が終了したとき、又は甲の求めがあるときにはいつでも、甲の指示に従い、本件特定個人情報(その複製物及び複写物を含む)の全てを甲に返却し、又は復元できない手段で廃棄若しくは削除しなければならない。
2　乙は、前項の廃棄又は削除について記録に残さなければならない。
3　乙が第1項の廃棄又は削除を行った場合、乙は、甲に対し、速やかに廃棄又は削除を行った旨の証明書を交付しなければならない。

(責任者)
第12条　乙は、本件業務の遂行にあたり本件特定個人情報の取扱いに関する管理責任者を定め、甲に報告するものとする。

(従業者に対する監督・教育)
第13条　乙は、本件業務の遂行上、本件特定個人情報を取り扱う事務に従事する従業者(乙の組織内にあって直接間接に乙の指揮監督を受けて乙の業務に従事している者をいう。従業員、取締役、監査役、理事、監事、及び派遣社員等を含むがこれに限られない。以下、「事務取扱担当者」という。)の範囲を明確に[するものとし][して甲に報告した上で]、事務取扱担当者に対して必要かつ適切な監督・教育を行わなけれ

ばならない。

2　乙は、事務取扱担当者に対し、本件特定個人情報に関する秘密保持義務を負わせるものとする。

3　乙は、事務取扱担当者が退職する場合、事務取扱担当者に対し、退職後の秘密保持義務に関する誓約書の提出を求める等、在任若しくは在職中に知り得た全ての本件特定個人情報の返還若しくは破棄を義務づけ、漏えい等を防止するために合理的に必要と認められる措置を講ずるものとする。

（本人に対する責任等）

第14条　甲は、本件特定個人情報が、適正に取得されたものであることを保証するとともに、乙に本件特定個人情報の取扱いを委託することについて本人に対して責任を負う。

2　乙は、本人から本件特定個人情報の開示、訂正、追加若しくは削除等の請求を受けた場合、又は行政機関、司法機関等、本人以外の第三者から本件特定個人情報の提供を要請された場合、速やかに甲に通知するものとする。この場合、乙は、本人又は本人以外の者の請求又は要請に直接応じる義務を負わず、甲が自己の費用と責任をもって対応するものとする。

（報告［・実地調査］）

第15条　乙は、甲に対し、本契約締結日から１年が経過するごとに、本契約内容の遵守状況について書面により報告しなければならない。

【実地の調査を行うことができる規定を設ける場合】

> 2　甲は、安全管理措置の実施状況を確認するために必要な限度において、乙に対する書面による事前の通知により、実地の調査の受入れを求めることができる。この場合、乙は、事業の運営に支障が生ずるときその他の正当な理由がある場合を除き、甲の求めに応じるものとする。
>
> 3　前項の調査にあたり、乙は甲に対して、乙の営業秘密（不正競争防止法第２条第６項に定める営業秘密をいう。）に関する秘密保持義務

等について定めた秘密保持契約の締結を求めることができるものとする。
4　甲は、第2項の調査のために乙の事業所等への入館が必要となる場合、乙所定の入退館等に関する規則に従うものとする。
5　乙は、甲による第2項の調査が通常の範囲を超えると判断するときは、甲乙協議の上、調査の受入れのために乙が要した費用を甲に請求することができるものとする。

(有効期間)
**第16条**　本契約の有効期間は、本契約締結の日から本件業務の終了の日までとする。
2　前項の定めにかかわらず、第4条、第10条、第11条、第14条、第17条及び第18条は、本契約終了後も有効に存続するものとする。

(原契約との関係)
**第17条**　本契約に定めのない事項については、原契約の定めるところによる。

(合意管轄)
**第18条**　本契約に関する紛争については、〇〇地方裁判所を専属的合意管轄裁判所とする。

(協議)
**第19条**　本契約に定めのない事項又は疑義が生じた事項については、信義誠実の原則に従い甲乙協議し、円満に解決を図るものとする。

　　　　　年　　　月　　　日
　甲：
　乙：

【筆者注】本サンプルは、今後の番号法ガイドラインQ&Aの追加・変更等により変更される可能性がある点にご留意下さい。

## 第3節 特定個人情報 削除・廃棄証明書

前記第 2 節 7 (156ページ) で述べたとおり、委託先が特定個人情報を削除・廃棄した場合には、委託者はそれを証明書等により確認する義務があります。その証明書のサンプルがNo.19です。

**サンプルNo.19** 特定個人情報 削除・廃棄証明書

---

特定個人情報 削除・廃棄証明書

年　　月　　日

〇〇株式会社 御中

〇〇サービス株式会社
代表取締役　〇〇〇〇

　弊社は、〇年〇月〇日付け「特定個人情報の取扱いに関する委託契約書」に基づき受領した特定個人情報を、下記のとおり削除・廃棄いたしました。

| 廃棄・削除した特定個人情報 | 廃棄・削除の日時、方法等 |
|---|---|
| 貴社従業員の平成28年分の給与所得の源泉徴収票（従業員・扶養親族等の個人番号・氏名・住所を含む）1,500件の税務署提出用データ | 〇年〇月〇日<br>弊社ITシステムのデータベースから物理削除 |

　上記のとおり証明します。

年　　月　　日
〇〇サービス株式会社
代表取締役　〇〇〇〇　㊞

---

【筆者注】本サンプルは、今後の番号法ガイドラインQ&Aの追加・変更等により変更される可能性がある点にご留意下さい。

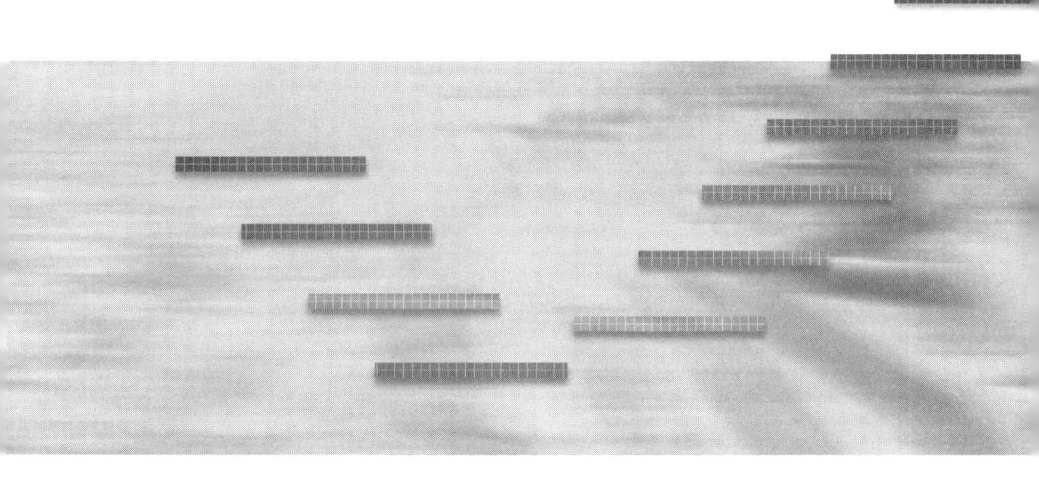

# 第 5 章
# 従業員の教育

## 第1節

# 教育プログラム

　第3章第3節2［9］3（102ページ）で述べたとおり、民間企業には、事務取扱担当者に対する監督・教育の義務が課せられています。

　また、事務取扱担当者に限らず、個人番号を業務上取り扱わない一般の従業員に対しても、2015年10月の番号通知前から十分な教育を行うことが重要です。

　なぜなら、個人番号は、行政機関等に書類を提出するために必要な場合以外は取り扱ってはならない、漏えいには罰則がある、といった**基本的な知識すら普及していない現状**では、いくら社内規程や体制を整備しても、適法な情報管理が実現するとはいえないからです。

　そこで、具体的な教育プログラムのサンプルをNo.20として例示します。

**サンプルNo.20** 教育プログラム

教育プログラム（社内教育の項目例）

1．マイナンバー制度とは
（1）制度概要
  ① 社会保障・税・災害対策で使う
  ② 個人には「個人番号」（マイナンバー）、法人には「法人番号」
  ③ 行政機関等が情報連携を行う。情報は分散管理
（2）民間企業とマイナンバー
  ・税と社会保険の書類に記載して、行政機関等に提出する際に使う
（3）特定個人情報
  ① 「個人番号」をその内容に含む個人情報（個人情報＋個人番号が典型例）
  ② 取扱いに厳しい規制
   ・利用制限（法第9条）
   ・提供制限（法第19条）
   ・収集・保管制限（法第20条）
   ・特定個人情報ファイルの作成制限（法第28条）
   ・個人番号の提供の要求制限（法第14条・15条）
（4）本人確認
  ・番号確認と身元（実在）確認
（5）安全管理措置
（6）個人情報保護委員会による監視・監督
（7）罰則

2．従業員・職員に求められる対応
（1）行政機関等に書面を提出する場面以外では利用できない
（2）上記（1）の場面以外では、特定個人情報を提供してはならない

（3）上記（1）の場面以外では、特定個人情報を収集してはならないし、保管してもならない
　・個人番号カードの裏面をコピーしない
　・住民票は個人番号部分をマスキングして受け取る
（4）個人番号を誤って取得した場合には、勝手に廃棄せず、上司に報告する
　・廃棄・削除には記録が必要
（5）罰則
　・名簿業者に提供すると、4年以下の懲役もしくは200万円以下の罰金またはその両方
　・会社も200万円以下の罰金刑で、迷惑がかかる

3．社内規程の変更点

【ここで、就業規則の変更点等を具体的に説明します。】

【筆者注】本サンプルは、今後の番号法ガイドラインQ&Aの追加・変更等により変更される可能性がある点にご留意下さい。

## 第2節

# 2015年10月の番号通知前のアナウンス

2015年10月のマイナンバー法施行時点においては、従業員一人ひとりに初めて個人番号が届くことから、事前のアナウンスが必要であると考えられます。

そのアナウンスの文例が、**サンプルNo.21**です。

**サンプルNo.21** 社内向けアナウンス通知

年　　月　　日

従業員各位

[株式会社○○○○
　　○○部○○課]

個人番号（マイナンバー）の通知について

　この度、マイナンバー制度（社会保障・税番号制度）が実施されることになり、10月中旬～11月中旬ころにかけて、市区町村役場から「通知カード」が簡易書留郵便で届き、各自に個人番号（マイナンバー）が通知されます。

　この通知カードで届く個人番号（マイナンバー）は、本年11月ころから配布する「平成28年分 給与所得者の扶養控除等（異動）申告書」に記載することになります。

　これに伴い、従業員各位は、以下の事項を遵守するよう、お願いいたします。

① 2015年10月５日の時点の住民票の住所に宛てて通知カードが発送されますので、現住所と住民票の住所が異なる者は、<u>現住所に住民票を移して下さい</u>。
② <u>通知カードが届いたら、紛失しないよう</u>、確実に保管して下さい。
③ <u>控除対象配偶者・扶養親族の個人番号も</u>提供していただくことになりますので、その通知カードも紛失しないようにして下さい。
④ 個人番号は、社会保障・税・災害対策の行政手続以外で使うことは禁止されています。むやみに第三者に提供しないようにして下さい。
⑤ 会社から指示があった場合以外には、第三者の個人番号の提供を受けないように注意して下さい。

不明な点等ありましたら、下記まで問い合わせて下さい。

記

[○○部○○課]
○○

以　上

【筆者注】本サンプルは、今後の番号法ガイドラインQ&Aの追加・変更等により変更される可能性がある点にご留意下さい。

　①住民票を現住所に移すことと、②③通知カードを紛失しないようにすることが、最も重要なことです。最低限、この点だけは周知するようにする必要があると考えられます。

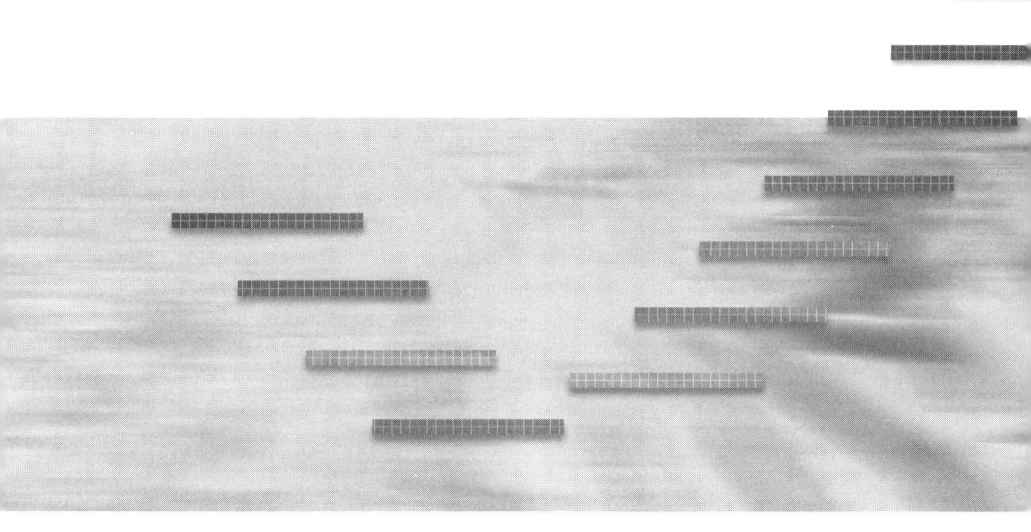

資  料

> # 個人番号及び特定個人情報取扱規程
> # 【中小規模事業者向け】のサンプル

> 筆者注：本サンプルは、今後の番号法ガイドラインQ&Aの追加・変更等により変更される可能性がある点にご留意下さい。なお、中小規模事業者においては、本規程の策定は義務ではありません。

## 個人番号及び特定個人情報取扱規程
## 【中小規模事業者向け】

### 目　次

第1章　総則（第1条－第3条）
第2章　特定個人情報等の取得（第4条－第9条）
第3章　特定個人情報等の利用（第10条－第12条）
第4章　特定個人情報等の保存（第13条－第15条）
第5章　特定個人情報等の提供（第16条－第17条）
第6章　特定個人情報等の削除・廃棄（第18条－第20条）
第7章　組織及び体制（第21条－第24条）
第8章　安全管理措置（第25条－第34条）
第9章　特定個人情報等の開示、訂正等、利用停止等（第35条－第37条）
附則

### 第1章　総則

（目的）
第1条　本規程は、個人番号及び特定個人情報（以下「特定個人情報等」という。）の適正な取扱いの確保に関し必要な事項を定めることにより、当社の事業の適正かつ円滑な運営を図りつつ、個人の権利利益を保護することを目的とする。

（定義）
第2条　本規程における用語の定義は、次の各号に定めるところによる。
　(1)　個人情報
　　　生存する個人に関する情報であって、当該情報に含まれる氏名、生年月日その他の記述又は個人別に付された番号、記号その他の符号により特定の個人を識別できるもの（他の情報と容易に照合することができ、それにより特定の個人を識別できることとなるものを含む。）をいう。
　(2)　個人番号
　　　行政手続における特定の個人を識別するための番号の利用等に関する法律（以下「番号法」という。）第2条第5項が定める住民票コードを変換して得られる番号であって、当該住民票コードが記載された住民票に係る者を識別するために指定されるものをいう。
　(3)　特定個人情報
　　　個人番号（個人番号に対応し、当該個人番号に代わって用いられる番号、記号その他の符号であって、住民票コード以外のものを含む。）をその内容に含む個人情報をいう。
　(4)　個人情報ファイル
　　　個人情報を含む情報の集合物であって、特定の個人情報について電子計算機を用いて検索することができるように体系的に構成したもののほか、特定の個人情報を容易に検索することができるように体系的に構成したものとして「個人情報の保護に関する法律施行令」で定めるものをいう。
　(5)　特定個人情報ファイル
　　　個人番号をその内容に含む個人情報ファイルをいう。
　(6)　個人番号関係事務
　　　番号法第9条第3項の規定により個人番号利用事務（行政機関、地方公共団体、独立行政法人等その他の行政事務を処理する者が同条第1項又は第2項の規定によりその保有する特定個人情報ファイルにおいて個人情報を効率的に検索し、及び管理するために必要な限度で個人番号を利用して処理する事務）に関して行われる他人の個人番号を必要な限度で利用して行う事務をいう。
　(7)　本人

個人番号によって識別され、又は識別され得る特定の個人をいう。
 (8) 従業者
   当社の組織内にあって直接間接に当社の指揮監督を受けて当社の業務に従事している者をいう。具体的には、従業員のほか、取締役、監査役、理事、監事、派遣社員等を含む。

(当社の責務)
第3条 当社は、番号法その他の個人情報保護に関する法令及びガイドライン等を遵守するとともに、実施するあらゆる事業を通じて特定個人情報等の保護に努めるものとする。

## 第2章 特定個人情報等の取得

(利用目的の特定、変更)
第4条 当社は、特定個人情報等を取り扱うに当たっては、その利用の目的(以下「利用目的」という。)をできる限り特定するものとする。
2 当社は、利用目的を変更する場合には、変更前の利用目的と相当の関連性を有すると合理的に認められる範囲で行うものとする。
3 当社は、利用目的を変更した場合は、変更した利用目的について、本人に通知し、又は公表するものとする。

(取得に際しての利用目的の通知等)
第5条 当社は、特定個人情報等を取得した場合は、あらかじめその利用目的を通知又は公表している場合を除き、速やかに、その利用目的を本人に通知し、又は公表するものとする。
2 当社は、前項の規定にかかわらず、本人との間で契約を締結することに伴って契約書その他の書面(電子的方式等で作られる記録を含む。)に記載された当該本人の特定個人情報等を取得する場合その他本人から直接書面に記載された当該本人の特定個人情報等を取得する場合は、あらかじめ、本人に対し、その利用目的を明示するものとする。ただし、人の生命、身体又は財産の保護のために緊急に必要がある場合は、この限りでない。
3 前2項の規定は、次に掲げる場合については、適用しない。
 (1) 利用目的を本人に通知し、又は公表することにより本人又は第三者の

生命、身体、財産その他の権利利益を害するおそれがある場合
　⑵　利用目的を本人に通知し、又は公表することにより当社の権利又は正当な利益を害するおそれがある場合
　⑶　国の機関又は地方公共団体が法令の定める事務を遂行することに対して協力する必要がある場合であって、利用目的を本人に通知し、又は公表することにより当該事務の遂行に支障を及ぼすおそれがあるとき
　⑷　取得の状況からみて利用目的が明らかであると認められる場合

（取得の制限）
第6条　当社は、特定個人情報等を取得するときは、適法かつ適正な方法で行うものとする。
2　当社は、番号法第19条各号のいずれかに該当する場合を除き、他人の特定個人情報等を収集しないものとする。

（個人番号の提供の求めの制限）
第7条　当社は、番号法第19条各号に該当して特定個人情報の提供を受けることができる場合を除くほか、他人に対し、個人番号の提供を求めないものとする。

（本人確認）
第8条　当社は、本人又はその代理人から個人番号の提供を受けるときは、番号法第16条の規定に従い、本人確認を行うものとする。

（安全管理措置）
第9条　当社は、特定個人情報等の取得に際し、第26条（委託先の監督）、第27条（特定個人情報等の取扱状況の記録）、第29条（従業者の監督・教育）、及び第34条（技術的安全管理措置）に定める安全管理措置を講じるものとする。

　　　　　　　　第3章　特定個人情報等の利用

（利用目的外の利用の制限）
第10条　当社は、第4条の規定により特定された利用目的の達成に必要な範囲を超えて特定個人情報等を取り扱わないものとする。

2　当社は、合併その他の事由により他の法人等から事業を継承することに伴って特定個人情報等を取得した場合は、継承前における当該特定個人情報等の利用目的の達成に必要な範囲を超えて、当該特定個人情報等を取り扱わないものとする。

3　前2項の規定にかかわらず、人の生命、身体又は財産の保護のために必要がある場合であって、本人の同意があり、又は本人の同意を得ることが困難であるときには、第4条の規定により特定された利用目的の範囲を超えて特定個人情報等を取り扱うことができるものとする。

(特定個人情報ファイルの作成の制限)
第11条　当社は、番号法第19条第11号から第14号までのいずれかに該当して特定個人情報を提供し、又はその提供を受けることができる場合を除き、個人番号関係事務を処理するために必要な範囲を超えて特定個人情報ファイルを作成しないものとする。

(安全管理措置)
第12条　当社は、特定個人情報等の利用に関し、第26条（委託先の監督)、第27条（特定個人情報等の取扱状況の記録)、第29条（従業者の監督・教育)、第30条（特定個人情報等を取り扱う区域の管理)、第31条（機器及び電子媒体等の盗難等の防止.)、第32条（電子媒体等を持ち出す場合の漏えい等の防止)、及び第34条（技術的安全管理措置）に定める安全管理措置を講じるものとする。

## 第4章　特定個人情報等の保存

(特定個人情報等の保管)
第13条　当社は、番号法第19条各号に該当する場合を除くほか、特定個人情報等を保管しないものとする。

(データ内容の正確性の確保)
第14条　当社は、第4条の規定により特定された利用目的の達成に必要な範囲内において、特定個人情報等を正確かつ最新の内容に保つよう努めるものとする。

（安全管理措置）
第15条　当社は、特定個人情報等の保存に関し、第26条（委託先の監督）、第27条（特定個人情報等の取扱状況の記録）、第29条（従業者の監督・教育）、第30条（特定個人情報等を取り扱う区域の管理）、第31条（機器及び電子媒体等の盗難等の防止）、第32条（電子媒体等を持ち出す場合の漏えい等の防止）、及び第34条（技術的安全管理措置）に定める安全管理措置を講じるものとする。

## 第5章　特定個人情報等の提供

（特定個人情報等の第三者提供）
第16条　当社は、番号法第19条各号に該当する場合を除くほか、特定個人情報等を第三者に提供しないものとする。

（安全管理措置）
第17条　当社は、特定個人情報等の提供に関し、第26条（委託先の監督）、第27条（特定個人情報等の取扱状況の記録）、第29条（従業者の監督・教育）、第30条（特定個人情報等を取り扱う区域の管理）、第31条（機器及び電子媒体等の盗難等の防止）、第32条（電子媒体等を持ち出す場合の漏えい等の防止）、及び第34条（技術的安全管理措置）に定める安全管理措置を講じるものとする。

## 第6章　特定個人情報等の削除・廃棄

（特定個人情報等の削除・廃棄）
第18条　当社は、個人番号関係事務を処理する必要がなくなった場合で、かつ、所管法令において定められている保存期間を経過した場合には、個人番号をできるだけ速やかに廃棄又は削除するものとする。ただし、その個人番号部分を復元できない程度にマスキング又は削除した場合には、保管を継続することができるものとする。

（特定個人情報等を誤って収集した場合の措置）
第19条　従業者は、誤って特定個人情報等の提供を受けた場合、自ら当該特定個人情報を削除又は廃棄してはならず、速やかに所属長又は第21条に定

める事務取扱責任者に報告しなければならない。
2　当社は、前項の報告を受けた際、第33条に従って、当該特定個人情報等をできるだけ速やかに削除又は廃棄するものとする。

（安全管理措置）
第20条　当社は、特定個人情報等の削除・廃棄に関し、第26条（委託先の監督）、第27条（特定個人情報等の取扱状況の記録）、第29条（従業者の監督・教育）、第30条（特定個人情報等を取り扱う区域の管理）、第32条（電子媒体等を持ち出す場合の漏えい等の防止）、第33条（個人番号の削除、機器及び電子媒体等の廃棄）、及び第34条（技術的安全管理措置）に定める安全管理措置を講じるものとする。

## 第7章　組織及び体制

（事務取扱責任者）
第21条　当社は、別途定めるとおり、特定個人情報等を取り扱う事務の範囲を明確化し、明確化した事務において取り扱う特定個人情報等の範囲を明確にした上で、当該事務に従事する従業者（以下「事務取扱担当者」という。）を明確にするものとする。
2　当社は、事務取扱担当者が複数いる場合、前項により定められた各事務における事務取扱責任者を明確にするものとする。

（事務取扱担当者の引継ぎ）
第22条　事務取扱担当者が変更となった場合、後任者に確実な引継ぎを行い、代表取締役がこれを確認する。

（苦情対応）
第23条　当社は、特定個人情報等の取扱いに関する苦情（以下「苦情」という。）について必要な体制整備を行い、苦情があったときは、適切かつ迅速な対応に努めるものとする。
2　苦情対応の責任者は、○○○○とするものとする。

（従業者の義務）
第24条　当社の従業者又は従業者であった者は、業務上知り得た特定個人情

報等の内容をみだりに他人に知らせ、又は不当な目的に使用してはならない。
2　特定個人情報等の漏えい、滅失若しくは毀損の発生又は兆候を把握した従業者は、その旨を代表取締役に報告するものとする。

### 第8章　安全管理措置

#### 第1節　総則

（特定個人情報等の安全管理）
第25条　当社は、特定個人情報等の漏えい、滅失又は毀損の防止その他の特定個人情報等の安全管理のために、第2節ないし第5節に定める措置を講ずるものとする。

（委託先の監督）
第26条　当社は、特定個人情報等の取扱いの全部又は一部を当社以外の者に委託するときは、委託先において番号法に基づき当社が果たすべき安全管理措置と同等の措置が講じられているか否かについてあらかじめ確認した上で、原則として委託契約において、特定個人情報等の安全管理について受託者が講ずべき措置を明らかにし、受託者に対する必要かつ適切な監督を行うものとする。
2　当社は、委託先が特定個人情報等の取扱いの全部又は一部を再委託した場合には、委託先が再委託先に対して必要かつ適切な監督を行っているかについて監督するものとする。

#### 第2節　組織的安全管理措置

（特定個人情報等の取扱状況の記録）
第27条　当社は、［取扱状況管理簿］［業務日誌］を用いて、以下を記録し、保存する。
・特定個人情報等の入手日
・個人番号を記載した帳票等の作成日
・個人番号を記載した帳票等の本人への交付日
・個人番号を記載した帳票等の税務署その他の行政機関等への提出日

・特定個人情報等の廃棄日
なお、［取扱状況管理簿］［業務日誌］には特定個人情報等は記載しない。

（取扱状況の把握及び安全管理措置の見直し）
**第28条**　代表取締役は、特定個人情報等の取扱状況を把握し、安全管理措置の評価、見直し及び改善に取り組むため、少なくとも毎年1回、取扱状況を点検し、安全管理措置を見直す。

第3節　人的安全管理措置

（従業者の監督・教育）
**第29条**　当社は、特定個人情報等の安全管理のために、事務取扱担当者に対する必要かつ適切な監督・教育を行うものとする。

第4節　物理的安全管理措置

（特定個人情報等を取り扱う区域の管理）
**第30条**　当社は、特定個人情報ファイルを取り扱う情報システムを管理する区域（以下「管理区域」という。）及び特定個人情報等を取り扱う事務を実施する区域（以下「取扱区域」という。）を明確にし、それぞれ以下のとおりの安全管理措置を講ずる。
　1．管理区域
　　・入退室管理及び管理区域へ持ち込む機器等の制限
　2．取扱区域
　　・壁又は間仕切り等の設置、及び事務取扱担当者以外の者の往来が少ない場所への座席配置や、後ろから覗き見される可能性が低い場所への座席配置等に努める。

（機器及び電子媒体等の盗難等の防止）
**第31条**　当社は、管理区域及び取扱区域における特定個人情報等を取り扱う機器、電子媒体及び書類等の盗難又は紛失等を防止するために、以下の安全管理措置を講ずる。
　・特定個人情報等を取り扱う電子媒体又は書類等は、施錠できるキャビネット・書庫等に保管する。

・特定個人情報ファイルを取り扱う機器は、セキュリティワイヤー等により固定する。

（電子媒体等を持ち出す場合の漏えい等の防止）
第32条　当社は、特定個人情報等が記録された電子媒体又は書類等を管理区域又は取扱区域の外に持ち出す場合、以下の措置を講じる。
・パスワードを設定する。ただし、行政機関等に法定調書等をデータで提出するに当たっては、行政機関等が指定する提出方法に従う。
・特定個人情報等が記載された書類等は、封筒に封入し鞄に入れて搬送する。

（個人番号の削除、機器及び電子媒体等の廃棄）
第33条　当社又は委託先が特定個人情報等を削除又は廃棄した際には、代表取締役がこれを確認する。

第5節　技術的安全管理措置

（技術的安全管理措置）
第34条　当社は、特定個人情報等を取り扱う機器を特定し、その機器を取り扱う事務取扱担当者を限定する。
2　当社は、特定個人情報等を取り扱う機器に標準装備されているユーザー制御機能（ユーザーアカウント制御）により、情報システムを取り扱う事務取扱担当者を限定する。
3　当社は、情報システムを外部からの不正アクセス又は不正ソフトウェアから保護するため、以下の措置を講じる。
・当社の情報システムと外部ネットワークとの接続箇所に、ファイアウォール等を設置し、不正アクセスを遮断する。
・情報システム及び機器にセキュリティ対策ソフトウェア等（ウイルス対策ソフトウェア等）を導入する。
・機器やソフトウェア等に標準装備されている自動更新機能等の活用により、ソフトウェア等を最新状態とする。
・ログ等の分析を定期的に行い、不正アクセス等を検知する。
4　当社は、特定個人情報等をインターネット等により外部に送信する場合、通信経路の暗号化を行うよう努める。

## 第9章　特定個人情報等の開示、訂正等、利用停止等

（特定個人情報等の開示等）

第35条　当社は、本人から、当該本人が識別される特定個人情報等に係る保有個人データについて、書面又は口頭により、その開示（当該本人が識別される特定個人情報等に係る保有個人データを保有していないときにその旨を知らせることを含む。以下同じ。）の申出があったときは、身分証明書等により本人であることを確認の上、開示をするものとする。ただし、開示することにより次の各号のいずれかに該当する場合は、その全部又は一部を開示しないことができる。

(1)　本人又は第三者の生命、身体、財産その他の権利利益を害するおそれがある場合

(2)　当社の事業の適正な実施に著しい支障を及ぼすおそれがある場合

(3)　他の法令に違反することとなる場合

2　開示は、書面により行うものとする。ただし、開示の申出をした者の同意があるときは、書面以外の方法により開示をすることができる。

3　特定個人情報等に係る保有個人データの開示又は不開示の決定の通知は、本人に対し、書面により遅滞なく行うものとする。

（特定個人情報等の訂正等）

第36条　当社は、本人から、当該本人が識別される特定個人情報等に係る保有個人データの内容が事実でないという理由によって当該特定個人情報等に係る保有個人データの内容の訂正、追加又は削除（以下「訂正等」という。）を求められた場合には、その内容の訂正等に関して他の法令の規定により特別の手続が定められている場合を除き、利用目的の達成に必要な範囲内において、遅滞なく必要な調査を行い、その結果に基づき、当該特定個人情報等に係る保有個人データの内容の訂正等を行うものとする。

2　当社は、前項の規定に基づき求められた特定個人情報等に係る保有個人データの内容の訂正等を行ったとき、又は訂正等を行わない旨の決定をしたときは、本人に対し、遅滞なく、その旨（訂正等を行ったときは、その内容を含む。）を通知するものとする。

3　当社は、前項の通知を受けた者から、再度申出があったときは、前項と同様の処理を行うものとする。

4　当社は、前第2項の規定により、本人から求められた措置の全部又は一部について、その措置をとらない旨を通知する場合又はその措置と異なる措置をとる旨を通知する場合は、本人に対し、その理由を説明するよう努めるものとする。

（特定個人情報等の利用停止等）

第37条　当社は、本人から、当該本人が識別される特定個人情報等に係る保有個人データが第10条の規定に違反して取り扱われているという理由又は第6条の規定に違反して取得されたものであるという理由によって、当該特定個人情報等に係る保有個人データの利用の停止又は消去（以下「利用停止等」という。）を求められた場合、又は第16条の規定に違反して第三者に提供されているという理由によって、当該特定個人情報等に係る保有個人データの第三者への提供の停止（以下「第三者提供の停止」という。）を求められた場合で、その求めに理由があることが判明したときは、遅滞なく、当該特定個人情報等に係る保有個人データの利用停止等又は第三者提供の停止を行うものとする。ただし、当該特定個人情報等に係る保有個人データの利用停止等又は第三者提供の停止に多額の費用を要する場合その他の利用停止等又は第三者提供の停止を行うことが困難な場合であって、本人の権利利益を保護するため必要なこれに代わるべき措置をとるときは、この限りでない。

2　当社は、前項の規定に基づき求められた特定個人情報等に係る保有個人データについて、利用停止等を行ったとき若しくは利用停止等を行わない旨の決定をしたとき、又は第三者提供の停止を行ったとき若しくは第三者提供の停止を行わない旨の決定をしたときは、本人に対し、遅滞なく、その旨を通知するものとする。

3　前条第3項及び第4項は本条に準用する。

　　　附　　則

本規程は、平成　年　月　日から施行する。

(別紙)

　当社は、以下のとおり、特定個人情報等を取り扱う事務の範囲、当該事務において取り扱う特定個人情報等の範囲及び当該事務に従事する従業者（事務取扱担当者）を定める。

1．従業者、その扶養親族等及び第3号被保険者に関する事務

| 特定個人情報等を取り扱う事務の範囲 | 特定個人情報等の範囲 | 事務取扱担当者 |
| --- | --- | --- |
| 源泉徴収票作成事務 | 従業者の氏名、住所及び個人番号、並びにその扶養親族等の氏名及び個人番号 | 総務課 |
| 財産形成住宅貯蓄・財産形成年金貯蓄に関する申告書、届出書及び申込書提出事務 | （略） | （略） |
| 健康保険・厚生年金保険届出事務<br>健康保険・厚生年金保険申請・請求事務 | （略） | （略） |
| 雇用保険届出事務<br>雇用保険申請・請求事務 | （略） | （略） |
| 上記各事務における特定個人情報等を取り扱う情報システムの保守に関する事務 | （略） | システム管理課 |

2. 不動産使用料、報酬等の支払先に関する事務

| 特定個人情報等を取り扱う事務の範囲 | 特定個人情報等の範囲 | 事務取扱担当者 |
| --- | --- | --- |
| 不動産取引に関する支払調書作成事務 | 支払先の氏名、住所及び個人番号 | 経理課 |
| 報酬、料金、契約金及び賞金に関する支払調書作成事務 | (略) | (略) |
| 上記各事務における特定個人情報等を取り扱う情報システムの保守に関する事務 | (略) | システム管理課 |

3. 配当等の支払先に関する事務

| 特定個人情報等を取り扱う事務の範囲 | 特定個人情報等の範囲 | 事務取扱担当者 |
| --- | --- | --- |
| 配当及び剰余金の分配に関する支払調書作成事務 | 支払先の氏名、住所及び個人番号 | 経理課 |
| 上記各事務における特定個人情報等を取り扱う情報システムの保守に関する事務 | (略) | システム管理課 |

【著者紹介】

影島 広泰（かげしま・ひろやす）
　弁護士。牛島総合法律事務所パートナー
　情報化推進国民会議本委員。同マイナンバー検討特別委員会委員
　1998年一橋大学法学部卒業。2003年弁護士登録、牛島総合法律事務所入所
　・主な著作：『企業・団体のためのマイナンバー制度への実務対応』（清文社）、『担当者の疑問に答える マイナンバー法の実務 Q&A』（レクシスネクシス・ジャパン）、『小さな会社・お店 早わかりマイナンバー制度』（実業之日本社）、『金融機関職員のための「マイナンバー」がよく分かる講座』（近代セールス社）、「民間企業における共通番号法（マイナンバー法）対応ロードマップ」『ビジネスロー・ジャーナル2013年9月号』ほか多数

藤村 慎也（ふじむら・しんや）
　弁護士。牛島総合法律事務所アソシエイト
　2009年慶應義塾大学商学部卒業。2010年弁護士登録、牛島総合法律事務所入所
　・主な著作：『企業・団体のためのマイナンバー制度への実務対応』（清文社）、『担当者の疑問に答える マイナンバー法の実務 Q&A』（レクシスネクシス・ジャパン）、「民間企業における共通番号法（マイナンバー法）対応ロードマップ」『ビジネスロー・ジャーナル2013年9月号』ほか多数

薬師寺 怜（やくしじ・さとし）
　弁護士。牛島総合法律事務所アソシエイト
　2005年早稲田大学法学部卒業、2009年中央大学法科大学院修了。2010年弁護士登録、2011年牛島総合法律事務所入所
　・主な著作：『企業・団体のためのマイナンバー制度への実務対応』（清文社）ほか

## マイナンバー 規程・書式 作成ガイド
### 個人番号の収集・管理・委託への対応

2015年9月25日　初版発行
2015年11月24日　第3刷発行

著　者　　影島 広泰 ©

発行者　　小泉 定裕

発行所　　株式会社 清文社
　　　　　東京都千代田区内神田1-6-6（MIFビル）
　　　　　〒101-0047　電話03(6273)7946　FAX03(3518)0299
　　　　　大阪市北区天神橋2丁目北2-6（大和南森町ビル）
　　　　　〒530-0041　電話06(6135)4050　FAX06(6135)4059
　　　　　URL http://www.skattsei.co.jp/

印刷：亜細亜印刷㈱

■著作権法により無断複写複製は禁止されています。落丁本・乱丁本はお取り替えします。
■本書の内容に関するお問い合わせは編集部までFAX（03-3518-8864）でお願いします。

ISBN978-4-433-55845-1